Hi! Story

樣式雷

嗨！有趣的故事

Hi! Story

馬志亮

中華教育

【出版說明】

在文字出現以前，知識的傳遞方式主要就是語言，靠口耳相傳的方式記錄歷史與情感表達。人類的生活經歷、生命情感也依靠著「說故事」來「記錄」。是即人們口中常說的「傳說時代」。然而文字的出現讓「故事」不僅能夠分享，還能記錄，還能更好、更廣泛地保留、積累和傳承。

《史記》「紀傳體」這個體裁的出現，讓「信史」有了依託，讓「故事」有了新的準則：文詞精鍊，詞彙豐富，語言精切淺白；豐富的思想內容，不虛美、不隱惡。選擇人物一生中最有典型意義的事件，來突出人物的性格特徵，以對事件的細節描寫烘托人物的情感表現，用符合人物身分的語言，表現人物的神情態度、愛好取捨。生動、雋永而又情味盎然。

「故事」中的人物和事件，從來就是人類的「熱門話題」。她是茶餘飯後的趣味談資，是小說家的鮮活素材，是政治學、人類學、社會學等取之無盡、用之不竭的研究依據和事實佐證。

中國歷史上下五千年，人物眾多，事件繁複，神話傳說與歷史事實並存，正史與野史交錯互映，頭緒繁多，內容龐雜，可謂浩如煙海、精彩紛呈，展現了中華文化的源遠流長與博大精深。讓「故事」的題材取之不盡，用之不竭。而其深厚的文化底蘊如何呈現，怎樣傳承，使之重光，無疑成為《嗨！有趣的故事》出版的緣起與意趣。

《嗨！有趣的故事》秉持典籍史料所承載的歷史精神，力圖反映歷史的精彩與真實。深入淺出的文字使「故事」更為生動，更為循循善誘、發人深思。

《嗨！有趣的故事》以蘊含了或高亢激昂或哀婉悲痛的歷史現場，以對古往今來無數先賢英烈的思想、事蹟和他們事業成就的鮮活呈現，於協助讀者不斷豐富歷史視域和深度思考的同時，不斷獲得人生啟迪和現實思考、並從中汲取力量，豐富精神世界，在實現自我人生價值和彰顯時代精神的大道上，毅勇精進，不斷提升。

【導讀】

當人們遊覽北京故宮、頤和園和天壇等名勝的時候，無不被那壯麗輝煌的宮殿和精緻典雅的樓臺所折服。是什麼人建造了這些無與倫比的建築？

少有人知曉，貫穿整個清代，有一個雷姓建築世家，他們一家八代人投身清朝最高等級建築的設計工作，許多皇家建築如宮殿、皇陵、園囿、壇廟、府邸、衙署、城樓、點景工程等，都曾由雷氏家族主持或參與設計建造，其遺留下來的作品被列入世界文化遺產的數量在設計者中也是絕無僅有的。此外，北海、中南海以及清朝皇帝數次南巡的行宮等，也都是雷氏家族設計的。

雷氏家族祖居江西永修，是當地有名的建築世家。清代初期，雷家進京的第一人是雷發達，他憑藉精湛的木工手藝得到康熙皇帝的賞識，被提拔為工部營造所長班，廣泛參與皇家宮殿與園林的營建，為雷氏家族的興旺奠定了堅實的基礎，成為「樣式雷」世家的發祥之祖。

從他的兒子雷金玉開始執掌清朝皇家建築的最高設計建造機構——樣式房，直至清朝滅亡前夕，雷家的子孫雷聲澂、雷家瑋、雷家璽、雷家瑞、雷景修、雷思起、雷廷昌、雷獻彩等人都相繼執掌樣式房，所以雷氏家族就被譽稱為「樣式雷」，也有口語化的「樣子雷」或「樣房雷」等叫法。在清代，京城供職於內務府的官宦世家中，提起「樣式雷」，難能可貴的是，「樣式雷」從第五代雷景修開始，就很注重雷氏家族製作的圖紙和燙樣等的收集保存工作。至今存世的「樣式雷」圖檔包括雷氏家族所繪製的建築圖樣（圖紙）、燙樣（模型）、工程做法（設計說明）、隨工日記以及信函等相關文獻，總量接近兩萬件，是名副其實的「清朝皇家建築的紙上博物館」。其中的一萬五千件收藏在中國國家圖書館，其餘大部份收藏在北京故宮博物院、中國第一歷史檔案館、清華大學建築學院、首都博物館、北京大學圖書館、中國社會科學院圖書館等單位，另外臺北故宮博物院也收藏了一部份，還有少量散落在外國機構或個人收藏者手中，如日本東京大學就有兩百多張「樣式雷」圖紙。

二〇〇七年六月二十日，「中國清代樣式雷建築圖檔」被聯合國教科文組織列入《世界記憶名錄》，成為其中規模最大、內容最豐富的古代建築設計圖像資源。

「樣式雷」圖檔反映了中國古建築最後一個高峰期——清朝的最高建築規劃、設計水準，展現了清朝在科學技術、藝術等領域取得的高超成就。

目錄

樣式雷家族簡表

雷發達進京

康熙八年初春的前門大街

康熙八年（一六六九年）初春，一夥兒身著深青布棉袍、黑布大馬褂，頭戴黑布小帽的中年男子行走在前門大街上。

清代初期的北京，溫度比現在低得多，明明已經過了立春，但吝嗇的柳枝依然不肯吐出綠芽，只是在夾雜著黃沙的北風中凌亂地飛舞著。彼時的前門大街遠不及日後繁華，「大柵欄」還被冷冰冰地喚作「廊坊四條」，雖然已經形成了「三縱九橫」的格局，但還不是商業中心，沒有便宜坊烤鴨、全聚德烤鴨、同仁堂藥店、馬聚元帽店、內聯升鞋店和瑞蚨祥綢緞皮貨莊等著名商鋪。

在這春寒料峭的日子，六必居醬菜店也乏人光顧。遠沒到舉子進京考試的日子，大街兩側的各地會館都沒住什麼人，旁邊也就沒什麼售賣日用品和食品的小商販了，鮮魚口、豬市口、煤市口、糧食店等集市也都門庭冷落。

一股寒風襲來，捲起了大街中間近三公尺寬的青白石大道上積存的黃沙，灌進了在一側青石路上行走的這群中年人脖子裏，大家不由地更加瑟縮了起來。

這時，其中一個壯實的中年漢子看見了巍峨雄偉的前門五牌樓，他心底突然升起一股豪情，便逕自站在原地欣賞了起來。

背後一人說：「明所兄，停下來幹嘛呀？咱們趕緊到會館去歇著吧，趕了這麼久的路，可是累壞了。」

這位叫「明所」的中年漢子就是雷發達。

雷發達的早年經歷

雷發達是南康府建昌縣（今江西永修縣梅棠鎮新莊雷家村）人，出生於明神宗萬曆四十七年（一六一九年）。雷家是江西有名的工匠世家，明朝初年朱元璋修建南京皇城時，他們的祖先雷本端就憑藉自己高超的木工手藝參與其中。到了嘉靖年間，雷氏家族又出了個大建築師雷禮，曾擔任工部尚書十多年，親自主持或監督修建的皇室建築不計其數。雷發達的祖父雷玉成、父親雷振聲和叔父雷振宙都是在本地數一數二的木匠把式，其中尤以雷振宙的木工手藝最為精湛，在南康府一帶木匠行裏聲名赫赫，一年中大部份時間都在外做工。

雷發達是獨子，家裏的長輩都對他寄予厚望。受家庭環境的薰陶，雷發達從小就喜歡擺弄木頭，一把小鋸子、一柄小斧頭是他童年最好的玩具，父親給他的一堆下腳料經常被他玩出了花樣，製作出許多迷你家具或小房子。

眼見他這麼熱衷鑽研木工技術，父親和祖父都著力培養他。雷發達長到十四歲時，在本地已經是有名的小木匠了，父親和祖父為了他真正成才，就拜託雷振宙收他為徒。此後，他就經常跟著叔父到南康府各地做木活兒，木工手藝在實踐中日臻成熟。

當時正值明末，天下大亂，民變四起，社會很不太平，南康府肯花錢修建房屋的人越來越少。為了躲避戰亂，也為了養家餬口，十六歲時雷發達跟隨祖父、父親和叔父前往應天府（今江蘇南京）討生活。

在這個五方雜處的大都市裏，那些輝煌壯觀的城樓、宮殿和廟宇都使他眼界大開，經常一看就是半天。漸漸地，雷發達體會到，僅憑自己這點木工手藝還遠遠不夠，得會設計這些富麗堂皇的大房子才是真本事。

在此後的二三十年中，雷發達一邊繼續磨煉自己的木工手藝，一邊學習建築繪圖，隨著經驗不斷積累，他的建築設計思想逐漸成熟。

只可惜明末清初天下大亂，先是農民軍的火焰遍地燃燒，後是清朝與南明政權反覆拉鋸，雷發達一直沒得到什麼機會施展自己的才華。

皇帝徵召

康熙朝時國內基本安定下來。全國上下百廢俱興，年過四十的雷發達終於迎來了施展自己抱負的良機。

雷發達聯合雷家兄弟，在南京組建了以自己為首的雷家班。雷家班既能設計建築，又擅長木工活兒，能獨立承包建房子的全部工程，幾年之內就在南京城打響了名號。

雷發達的子嗣也突然旺盛了起來。先是在他年屆四旬那年迎來了長子雷金玉，此後幾年老二、老三也相繼降臨，令雷發達對雷家的未來充滿期待。

這天他正在逗小兒子玩，堂弟雷發宣（雷振宙的兒子）急急火火地闖了進來，上氣不接下氣，斷斷續續地說：「大哥——，你——要——進京了。」

雷發達丈二金剛摸不著頭腦，追問道：「到底怎麼回事？」

雷發宣待氣息稍微勻稱了一點兒，開始連貫地說了起來：「現如今天下太平，到處都在建房子，京城更是大興土木。前些日子，朝廷發下公文，說要徵召天下能工巧匠，大修紫禁城，大哥你的名字被列到徵召的木工名單裏了。」

雷發達聞訊大喜過望，口中念叨著：「祖宗保佑，我雷家真的要發達啦！」然後詢問堂弟道：「我要什麼時候啟程？」

雷發宣回答：「初五，徵召的所有江寧府（清朝初年，清軍佔領南京地區後，改應天府為江寧府）工匠在城北碼頭登船北上。」

雷發達思忖後說：「就剩下三天，來不及回老家祭拜了。發宣，你趕緊通知幾個弟弟，晚上在我家佈置一下祖宗牌位，燒個香，祭拜一下列祖列宗。」

雷發達恍惚間想到三十多年前自己隨父祖從老家來到應天府的情形，他在心中盤算著，自己年紀大了，又沒有功名，怕是沒法取得前輩雷禮那麼大的成就了，但自己只要在京城扎下根，後代就有更多的機會。

當天晚上，雷家發字輩五兄弟在雷發達家中擺下祖宗牌位，恭敬肅穆地朝著南康老家方向遙拜祖先。雷發達叮囑留下的兄弟好好輔佐雷發宣，繼續在當地好好蓋房子、守住家業；又叮囑雷發宣在家好好看管金玉等子姪，讓他們好好讀書，將來考取功名才好在京城立足。

雷發達的願望最終的確實現了。十多年後，堂弟雷發宣帶著長大成人的雷金玉等子姪們進京，雷發宣輔佐哥哥做木工，而雷金玉等人則進入國子監讀書，雷金玉後來還通過科舉考試，被朝廷授予州同的官職，並進入樣式房（國家建築設計機構）供職，憑藉精湛的木工手藝和深厚的人文修養得到康熙皇帝的賞識，當上了樣式房的掌案，成為嚴格意義上的第一代「樣式雷」。

歷代「樣式雷」都很注重家族子弟的教育，「樣式雷」子孫都是先進入國子監學習，再進入樣式房傳授工匠手藝，使雷家子孫成為極富人文修養的工匠，「樣式雷」成為貫穿整個清朝兩百多年大型皇家建築設計工程歷史的家族。

內務府的梁大人

仰賴大運河的發達水路網絡和朝廷的徵召命令，雷發達一行人乘著快船，日夜兼程，一路暢通無阻，不消二十天工夫就抵達了京城。

一行人到京城後，先被統一安排在前門大街上的會館暫住一晚。第二天大清早，眾人還沒緩過乏來，就要一起進紫禁城裏的內務府造辦處面見主事大人，領各自的活計。主事的梁大人是大名鼎鼎、清朝內務府主管工程營造的梁九。梁九比雷發達小了幾歲，但他在明朝末期就已經是京城赫赫有名的大工匠。

明朝覆亡後，清朝仍然以北京為京城，朝廷貴族看中梁九的手藝，讓他在內務府主管宮廷建築工程，滿漢官員紛紛來巴結，久而久之，梁九不免恃才傲物，輕視他人，而且為了保住自己的地位，經常打壓手藝不俗的同僚，生怕他們搶了自己的風頭。

雷發達一行人在內務府助手的帶領下，從側門進入紫禁城，七拐八拐，終於來到設在紫禁城西邊院牆附近的內務府。

他們進府時，梁九正在和其他幾個主管皇家工程的官員商量重修太和殿的事情。助手通報後，梁九等人暫停了討論，授意助手將人領進來，於是雷發達等人都躡手躡腳地進到屋內。

還沒等梁九開口，旁邊的小鬍子官員就開口了：「懂不懂規矩，見到梁大人還不趕緊下跪磕頭。」

眾人一聽，趕緊跪下，參差不齊地說著「小人某某見過大人」之類的話。

梁九看著眾人寒酸的打扮和窘迫的神態，嘴角不禁泛起一絲哂笑，說道：「諸位師傅一路辛苦了，都起來回話吧。」

眾人一一介紹自己的基本情況，梁九再根據各自的介紹來安排活計。

輪到雷發達稟報自己情況時，梁九心中一動，問道：「你姓雷，又是江西人，那和前朝的工部尚書雷必進（必進是雷禮的字）雷大人有什麼關係嗎？」

雷發達瑟縮地回答：「按輩分，雷大人是我的曾祖輩，我們兩家的先人——」

「行啦！那就是沒啥關係啦。」雷發達話還沒說完，梁九就打斷了他。

「你們後面幾個師傅都跟著郭大人擺弄南邊兒運過來的楠木料吧，多打幾把好椅子。」梁九又轉頭對旁邊的小鬍子官員說，「郭大人，你就具體給他們介紹一下各自的活計吧。然後預支點兒銀子，讓師傅們在京城都找個落腳地兒。沒事時督促他們練練京師的官話兒，這呀呀渣渣的，聽著太費勁了。」說著就一擺手，示意大家退下了。

金殿封官

重修太和殿

小鬍子官員名叫郭二，年齡不過二十幾歲，因是順治朝工部尚書郭科的同族親戚而被授予一個七品官職，在工部任職。他此番得知要重修太和殿，特意申請調來主管木構件製作事宜，就是為了立功升官。

郭二木工手藝一般，不過為人十分機敏靈活，很擅長察言觀色，雖然剛調來內務府不久，但已深得梁九大人的喜愛。梁九在交代郭二帶領雷發達等人做木活兒時表情複雜地看了郭二一眼，郭二立刻心領神會地翹了一下嘴角。

郭二帶著雷發達等人來到另一個房間，說明了一下他們的任務。原來紫禁城的太和殿年久失修，需要大力修繕，雷發達等人作為江寧府有名的木工匠人，主要負責加工南方運過來的楠木材料，製作太和殿的建築構件，以及修理和製作殿內的家具陳設等。

「太和」二字寓意宇宙萬物協調，太和殿是紫禁城的三大殿之一（其餘兩個為中和殿和保和殿），位於紫禁城的中間位置，建在三層漢白玉石階上，全殿內外立有七十二根金漆大柱子，是紫禁城內規模最大、裝飾最美、地位最高的宮殿，也是中國現存最大的木結構大殿。明清兩朝有二十四個皇帝在這裏舉行盛大典禮，如皇帝登基、大婚、冊立皇后、武將出征等；此外，每年萬壽節（皇帝的誕辰）、元旦（中國古代元旦指的是農曆正月初一）、冬至三大節，皇帝都會在這裏接受文武百官和外國使節的朝賀，這裏是皇權的象徵，通常被人們稱作「金鑾殿」。

明朝修建太和殿等宮殿的木料都是從四川、貴州、湖南、湖北等省的深山老林裏採伐的上等楠木，那些地方條件惡劣、人煙稀少、猛獸出沒，在採集楠木的過程中，病死、摔死、被動物咬死的人不計其數，以致於四川地區流傳開一首民謠：「入山一千（人），出山五百（人）。」古代交通不便，人們把楠木砍倒之後，還要等到下大雨，利用山洪把楠木沖下山，再用河流運輸，這些楠木料透過水路進入長江，然後經過大運河或沿海北上進京，一根作棟樑用的楠木大料從進山採伐到最終運到北京可能要花費四五年時間。

為了收集足量的大木料，清朝的內務府和工部已經忙好久了。與明朝不同的是，剛剛穩定下來的清朝為了不激起南方民眾的反抗情緒，選用了一部份太和殿還堪用的大木，其餘需要替換的承重大木則從東北的深山裏採伐巨大的紅松，這樣對南方百姓的驚擾就稍微小一點兒。不過用來建造斗拱和裝飾、家具等的木料還是選用了從南方運來的楠木。後來實在採集不到粗大的深山紅松作最重要的頂樑大柱，而當時太和殿的頂樑木又已經開始朽爛，無奈之下，他們只好把明朝一座陵墓的墓上建築拆除了，將其中的頂樑楠木運過來代替。

雷發達等人剛安頓好，正月二十六日太和殿的重修工程就全面開啟了。

雷發達和工友們辛辛苦苦幹了將近一年，終於趕在冬至節前夕完成大殿的全部修繕工作，其餘樑木都已安裝齊備，只需裝上最粗大的頂樑大柱就萬事大吉了。

在此期間，雷發達精湛的木活兒手藝令同事們都敬佩不已，不過擔任領班的郭二為了不讓他搶風頭，處處壓制著他，雷發達也不氣惱，只是盡力做好自己分內的工作。

儘管雷發達處處低調行事，但他木工手藝高超的名聲還是傳到了漢族工部尚書王熙的耳朵裏，王大人很想提拔他，但礙於清朝傾向扶持滿族官員的政策，再加上梁九和郭二的阻撓，一時還得不到機會。

太和殿上樑

太和殿舉行上樑儀式這天，康熙皇帝親臨現場觀禮，工部和內務府的主要官員都侍立左右。

太和殿前張燈結綵，揚幡張旗、裝點一新，門前貼著的一幅燙金對聯在陽光照耀下閃閃發光，上聯：「喜逢黃道日」，下聯：「欣遇紫微星」，橫批：「紫氣東來」，石基上用漢白玉欄杆圍護的寬闊平臺上早已擺好香案。

一行人在梁九的主持下，先叩拜康熙皇帝，後焚香申表（恭讀向神奏告的表章），拜山神、土地神，又拜太公、魯班、火神等四方神靈。

拜罷，最後是上樑。

隨著梁九大人一聲吩咐，數十名身著青衣黑褂的工匠在雄壯的號子聲中抬著一根巨大的楠木大樑走了進來。大樑上貼著一個工整的八卦陰陽魚圖案，兩旁有一副對聯：「上梁逢六馬，立柱遇三麒。」（所謂的「六馬」諧音「祿馬」，是古代的相術用語，寓意主人大富大貴；「三麒」諧音「三奇」，指「子、丑、亥」三地支，都是命理學上的吉星。）中間五顏六色的彩綢迎風飛舞，煞是好看。

在一片震耳欲聾的鞭炮聲中，楠木大樑徐徐升起，眼看就要架到屋頂中間了，觀禮的文武官員和工匠們紛紛作勢準備歡呼鼓掌。

只聽「咯噔」一聲，大樑和屋頂樑架的榫卯開始接觸了，緊接著又「咯噔」「咯噔」響了幾聲。內行的官員和工匠們反應過來，這是榫卯沒對上，於是大家都悄悄地把手縮回長袖子裏，神情緊張地注視著樑上官員的動作。

此時，少年老成的康熙皇帝眼看要錯過吉時，不免露出了不悅的表情。

一旁侍立的滿族工部尚書吳達禮看在眼裏，急在心上，心中暗罵自己不該聽信郭二的吹噓，保舉他金殿上樑，這要是上樑失敗，搞不好郭二要被殺頭，自己也得受牽連。上一任滿族工部尚書恩額德可是剛上任四個月就因辦事不力下臺，自己才上任一個來月，這尚書的椅子都還沒捂熱呢，難道就丟官了？

吳達禮愈想愈緊張，豆大的汗珠透過官帽的帽檐，一滴接一滴地從額頭上滾落下來。

這時，他身旁的漢族工部尚書王熙小聲說道：「吳大人，下官知道一能工巧匠，也許可以解今日之急。」吳達禮聞言，趕緊放下身段，雙手抱拳，誠懇地說道：「敢請王大人賜教！」「不過此人是漢人。」王熙接著說了一句。「滿漢一家親，再說，現在顧不得那麼許多了，能者為先。」吳達禮硬著頭皮回應。「此人是白身（指無官職、無爵位的平民），上樑恐不合規矩。」王熙進一步解釋。

「哎呀，這都不是事兒，趕緊讓郭二下來，把官服脫下來給他換上。」吳達禮這時急得如同熱鍋上的螞蟻，完全顧不得滿漢之分、貴賤之別了。

「得令！下官這就去辦。」王熙回應一聲，馬上對旁邊的侍郎耳語了幾句，侍郎徑直走向大殿，而王熙則轉身快步走到雷發達所在細木活兒匠人行列之中。

木工師傅們一見尚書大人來到近前，無不跪拜行禮，王熙俯下身子對跪著的雷發達說：「雷師傅，聽聞你木工手藝超卓，上樑之事是否有把握？」雷發達聞言略為思索了片刻，回答道：「小人看這大樑的卯口應該是與屋架的榫口不合，得用斧子整治幾下。」

王熙馬上轉身對旁邊的官員說：「趕緊去取一柄能藏進官服袍袖裏面的小斧子來。」又回過頭扶起雷發達說道：「雷師傅，事不宜遲，趕緊隨我來。」

王熙和雷發達繞到大殿一側，剛從樑上下來的郭二早已脫下官服在北風中瑟縮著等候了。原來剛才侍郎進到大殿，就是要讓郭二下來脫官服換人。

郭二上樑原本是為了領功，這下倒好，功是肯定沒有了，腦袋還能不能保住都不一定。正在他萬念俱灰之際，得知有人來替換，真是驚喜交加，立刻就跌跌撞撞地下來了，這時別說官服脫給別人用了，官職讓給別人都行啊。

此時一見雷發達來了，郭二彷彿看到了救星，滿面羞愧地跑過去握住雷發達的雙手說道：「雷師傅，我可全指望您了。」

王熙急忙打斷他：「事不宜遲，趕緊換官服。」

雷發達立刻手忙腳亂地換起了衣服，他此前沒穿過官服，顯得很生疏，郭二完全沒了平日的驕橫，畢恭畢敬地幫雷發達穿上官服。這時另一位官員恰好遞過來小斧子，雷發達右手接過來，掖進左手的袖子裏。

雷發達緊跟著領路官員來到頂樑大柱前，三下兩下就爬到樑架的位置，迅速抽出左袖裏藏著的小斧子對著樑架的卯口敲了幾下，然後趕緊又掖回袍袖裏，朝下面喊了一聲：「起！」

眾人再次徐徐升起楠木大樑，這回大樑穩穩地架到屋架中間。

觀禮的文武官員和工匠們見到這突如其來的一幕，先是愣了愣，然後鼓樂齊鳴，文武百官三呼「萬歲」，宣告上樑禮成。

年輕的康熙皇帝露出了一絲笑意，對旁邊驚魂甫定的工部尚書吳達禮伸手示意，吳達禮趕緊正了正官帽，跪在康熙皇帝面前。

只見年輕的皇帝面帶微笑地說：「去把剛才那位官員帶到乾清宮，朕要見見。」

吳達禮馬上回應道：「喳！奴才這就去叫。」

金殿封官

吳達禮趕到頂樑大柱前時，雷發達剛從屋樑上下來，正要脫下官服還給郭二，吳達禮趕緊說道：「別脫！皇上要見你。」

雷發達見到尚書都有點哆嗦，一聽要見皇上，腦子裏突然「嗡」的一聲，暈頭暈腦地跟著吳達禮往前走。

雷發達在皇帝面前結結巴巴說不出話來，都是同去的漢族工部尚書王熙在幫忙答話。

康熙皇帝見雷發達恭順緊張的樣子，感覺煞是好笑，笑著說道：「朕見你手藝精湛，這身官服既然穿上了就不用脫了，工部木工活兒那一攤子就交給你吧。」

在王熙的一再提醒下，雷發達這才稍微穩下些心神，叩謝後退下。

很快，康熙皇帝的任命正式下達，雷發達由一介普通工匠晉升為工部營造所「長班」，成為梁九的副手。

一時間，宮廷內外流傳「上有魯班，下有長班；紫微照命，金殿封官」的傳說。得到康熙皇帝御賜的官職，雷發達就算在京城扎下根兒了。

到了康熙二十二年（一六八三年），雷發達又藉皇家建築再度大修的機會，把江寧府的堂弟雷發宣和長大成人的雷金玉等子姪接來京城。

原來處處壓制雷發達的領班郭二，在鬼門關前走了一遭後，認清了自己的不足，從此老老實實地跟著雷發達學習木匠技術，手藝精進不少。

在一百多年後的道光五年（一八二五年），當時的樣式房掌案、雷發達的曾孫雷家璽去世，雷家璽臨終前擔心二十出頭的兒子雷景修缺乏經驗、難以勝任掌案的工作，便保舉同事郭九擔任掌案一職，而這郭九正是郭二的後人。雷景修也不以為意，誠心跟著郭九叔叔學習樣式房的各項工作，兢兢業業奮鬥了二十多年，終於全面繼承「樣式雷」的建築技藝，積累了豐富的經驗。郭九也有意栽培雷景修，並在道光二十九年（一八四九年）去世前夕保舉雷景修繼承掌案之職。

「樣式雷」家族歷史上的這一傳奇插曲，除了說明雷、郭兩家世代交好的真情厚誼外，也充份證明樣式房掌案的官職並非世襲，「樣式雷」建築世家名聲的打造，是歷代雷氏家族掌舵者辛勤奮鬥的結果。

原本看不起雷發達的梁九，也在見識過雷發達的精湛手藝後改變了看法。兩人後來愉快共事，通力合作，為康熙皇帝修復、重建了不少宮殿園林。

在後來的施工過程中，雷發達按比例製作精緻燙樣的手藝令梁九佩服不已，於是梁九虛心向雷發達請教燙樣的製作手法。所謂「燙樣」，是指在圖樣基礎上，用硬紙板（類似現在的草紙板）按一定比例剪裁製作的一種建築模型，會用一種特製的小型烙鐵熨燙成型，所以被稱為「燙樣」。

雷發達毫不藏私，傾囊相授，這更令梁九悔恨自己的小家子氣，也開始毫無保留地和雷發達探討建築工程問題，傳授自己的心得和技能。

梁、雷二人在皇家建築的工程施行中，為了方便工作、有據可依，經常把一些皇家建築的相應規格和建造規範寫下來，這種把建築規範寫出來的做法被後來的繼任者們所沿襲。雍正十二年（一七三四年），工部頒佈了雍正皇帝欽定的《工程做法則例》，對皇家建築制度作了嚴格的規範，以其規範齊整，極大凸顯了皇家的權威。

雷發達上樑的太和殿在康熙十八年（一六七九年）冬天的一場大火中被燒毀，而當時的清王朝正面臨內憂外患，無暇顧及太和殿的重建。直到十六年後的康熙三十四年（一六九五年），康熙皇帝才從繁忙的政務中喘過氣來，下令重建太和殿。

為了顯示清王朝的蒸蒸日上、國基永祚的氣勢，並突出皇帝至高無上的尊嚴，康熙帝對重建的太和殿，無論在建築規模上，還是在造型藝術上，都提出了十分高的要求。

當時，雷發達已經去世，重建太和殿的重擔就由七十多歲的梁九一力承擔。為了確保工程順利進行，梁九施展從雷發達那裏學到的燙樣絕技，親手製作了一個太和殿的模型。後來整個太和殿的重建，完全是按照梁九的模型放大、組裝的，每一個構件安裝起來都能嚴絲合縫，分毫不差。梁九設計重建的太和殿，結構合理，工藝完美，比以前更為宏偉壯麗，至今仍然矗立在北京故宮博物院。太和殿重新建成那天，梁九由衷地感激並懷念雷發達。

雷聲澂接續樣式雷

雷金玉的輝煌與遺憾

在父親的悉心教導下，雷金玉的木工手藝突飛猛進，幾年後就參與修建了清代第一座規模宏大的皇家園林——暢春園。

在暢春園正殿「九經三事殿」的上樑儀式上，康熙皇帝眼見一個似曾相識的背影「蹭蹭」上了房樑。在他的指揮下，頂樑大柱穩穩地落在屋架中間。

在此後的接見中，康熙皇帝得知雷金玉就是多年前太和殿上樑雷發達的兒子，內心甚是寬慰，讚歎虎父無犬子。更令康熙帝欣喜的是，雷金玉毫無雷發達當年的拘謹，而是應對自如，談吐不凡。

當得知雷金玉出身國子監，並考有功名後，康熙帝龍顏大悅，當即封雷金玉為內務府樣式房的掌案，專門負責為皇室建築出樣式，雷金玉由此成為了嚴格意義上的雷氏家族第一代「樣式雷」，正式開啟了綿延七代、與清王朝相始終的「樣式雷」家族勃興之路。

雷金玉擔任內務府樣式房的掌案四十多年，參與了許多皇家宮殿和園林建設工程，因其高超的木工技術和精巧的「樣子」（建築的畫樣和燙樣）設計，「樣式雷」的大名在北京城人盡皆知。

尤其是雍正皇帝即位後，大規模擴建圓明園，年過六旬的雷金玉老當益壯，應詔擔任圓明園的樣式房掌案，開啟了「樣式雷」家族和圓明園之間一百多年的緊密聯繫。

鬚髮花白的雷金玉不辭辛勞，親自帶領樣式房的工匠們設計和製作圓明園亭臺樓閣和園庭的畫樣和燙樣，指導現場施工，對圓明園的設計和建設立下了汗馬功勞。主管圓明園建設的大臣對雷金玉十分欽佩，就連雍正帝也對他不吝讚美之詞。

在圓明園施工期間，雷金玉迎來了自己的七十虛歲。「人生七十古來稀」，古人對七十大壽相當重視，聽聞此事的雍正帝授意皇子弘曆書寫「古稀」二字匾額相贈。

接過匾額的雷金玉既感恩戴德又誠惶誠恐。七十壽辰後不久，他就派自己的本族親信將匾額運回故鄉，供奉在雷家的祖居大堂上，整個雷氏家族和家鄉父老都倍感榮耀。

雍正十三年（一七三五年），皇帝駕崩，皇太子弘曆登基，次年改元乾隆。這樣一來，雷家留在故鄉的子弟們更是對乾隆皇帝親題的「古稀」匾額視若珍寶，安排了專人看守，每逢節慶必定舉族前來叩頭行禮。

在送走「古稀」牌匾的前一天，雷金玉把自己關在書房裏，久久地看著匾額，回顧著雷氏家族的發展歷程，也思慮著自己這一生的得失。

雷金玉娶了五房妻妾，生了四個兒子，遺憾的是這四個兒子竟然都不是學木工的料。眼瞅著父親和自己兩代人打造出來的「樣式雷」金字招牌後繼無人，他心中十分難過。左思右想，他決定再納一妾，希望能生出個延續「樣式雷」名號的子嗣。

不顧五房妻妾和四個兒子的強烈反對，年邁的雷金玉從江西老家迎娶了年輕的張氏，張氏倒也爭氣，第二年秋天就生下一子——雷聲澂。

雷金玉冷靜料理身後事

雷金玉抱起剛出生的雷聲澂，不禁老淚縱橫，心中升起了無限的期盼。

不過年過古稀的雷金玉相當清楚自己的身體，自知命不久長，需要早做打算，於是他強打精神，登門探望生病在家的樣式房二號人物——郭學禮。郭學禮的父親就是前文提到的郭二，郭學禮因為在郭家兄弟輩中排行老五，因此被稱為郭五。

當年郭二在太和殿上樑儀式上被雷發達的精湛技藝折服之後，就收起了自己的傲慢，老老實實、一心一意地跟著雷發達做工程、學手藝。在雷發達和梁九相繼去世後，郭二繼續輔佐年少成名的雷金玉，兢兢業業，任勞任怨，令雷金玉十分感佩，雷、郭兩家也因此交好。

郭二去世後，雷金玉戮力栽培郭二的兒子郭五，郭五的木工技術也因此日趨精進，一步一個腳印地爬上了樣式房「打二」（二號人物）的位置，成為雷金玉的接班人。

這番雷金玉前來探望郭五，郭五當即表示以後會好好培養雷聲澂，讓他進入樣式房，接續雷發達、雷金玉父子的建築香火。

雷金玉擔心自己去世後雷聲澂母子遭其他家人欺凌，不得不留一些後手。他塞給郭五一張五百兩的銀票，言明這是前幾天圓明園撥付的一筆工程款，家裏人不知道這筆錢。回家之後，雷金玉依舊心有不安，於是又立下一份遺囑，令張氏母子留在京西郊海淀鎮槐樹街雷氏老宅，其他的五房妻妾和四個兒子都在自己百年之後隨靈柩回到江寧生活。

三個多月後，年老體衰的雷金玉就撒手人寰了。臨終前，雷金玉保舉郭五繼任樣式房掌案。

雍正皇帝賞賜雷家黃金百餘兩，下詔特許雷金玉棺槨通過驛道和驛站運回江寧府江寧縣，安葬在江寧縣安德門外的西善橋，並設碑立誌，以示嘉獎。雷金玉的其餘五房妻妾和四個兒子瓜分了家產，遵照雷金玉的遺囑隨靈柩回到江寧生活，可憐年輕的張氏懷抱剛過百日的幼子，面對著空蕩蕩的雷氏老宅，茫然無措。

雷聲澂的幼年時光

張氏遇此變故，一時之間覺得自己母子倆生計沒有著落，惶惶不可終日。過了些日子，從病中康復的郭五前來拜訪，拿出了那張面額五百兩的銀票，告知三個多月前雷金玉的囑託，並許諾一定好好培養雷聲澂，待到雷聲澂年滿十四歲就把他領進樣式房，正式學習木工活兒，爭取讓他接任樣式房掌案。

張氏靜靜聽完郭五的一番話，心裏重新升起對生活的熱望，並暗下決心一定要培養雷聲澂接續「樣式雷」家族的榮耀。

張氏感謝郭五之後，提及雷金玉留下的五百兩銀票是應急錢，還是拜託郭五代為保管。

郭五告辭之後，張氏仔細考慮了一番，把自己所有的金銀首飾都收拾出來，第二天一大早就去典當了一包銀兩，買回一架織布機，重新幹起自幼熟悉的織布活計。她起早貪黑，辛勤織布，把家撐了起來，雷聲澂就伴隨著母親的織機聲慢慢長大了。

雖然日子清苦，張氏卻從來沒敢忘記雷金玉讓孩子好好讀書的囑咐，雷聲澂稍微懂事之後，張氏就在郭五的幫助之下為他請來了私塾先生。

在讀書之餘，張氏還時不時地拿出雷金玉遺留下來的一些圖樣和燙樣，讓老僕人為雷聲澂講雷金玉的事蹟。

雷聲澂長到六七歲後，張氏請郭五帶他去北京城裏的一些建築工地，讓他從小就熟悉木工的工作環境。

幼小的雷聲澂看著一塊塊平地或山坡上逐漸架起來一大片各抱地勢、鉤心鬥角的精美建築，內心無限嚮往，暗下決心一定要繼承祖先的手藝，接續家族的榮耀。

慢慢地，雷聲澂頻繁地向母親討要父親的圖紙和燙樣，看的時間也愈來愈長，後來還拿起紙筆照著描摹起來。

張氏看在眼裏，喜在心上，但擔心兒子這樣隨意畫會畫不好，又請郭五抽空來教他畫圖技巧。

雷聲澂學木工

一晃眼雷聲澂已十一二歲，是一個知書達禮的翩翩少年了，這年金秋時節的一個傍晚，結束了一天學業的雷聲澂正在幫老僕人搖煤球。張氏秉承勤儉持家的原則，除了為雷聲澂請教書先生之外，絕不動那五百兩銀票。她有意培養雷聲澂刻苦耐勞的品性，經常讓他幫老僕人幹各種活兒。

這時，大門外傳來一陣咳嗽聲，雷聲澂放下手邊的活兒，笑盈盈地迎了上去，只見一個身材魁梧的蒼髯老者嘬著個煙袋鍋子邁步進門，雷聲澂規規矩矩地給老者作了個揖，高興地說道：「郭叔，您來啦！」

來人正是郭五，張氏聞聲從裏屋走出來，笑容滿面地給郭五行了個禮，然後問道：「五爺，您今兒怎麼得空啦？」

郭五說：「今兒剛好幹完活兒，明兒要趕下一個工地，這不趁有點兒空，趕緊來看看我小姪兒嘛。」

郭五一邊說著，一邊從隨身的褡褳裏面摸出一個鉋子，低下頭笑咪咪地對雷聲澂說：「來，澂兒，看郭叔給你變個戲法。」

說罷，他把鉋子在煙袋鍋柄上輕輕那麼一拉，但是一點兒刨花都沒有。

然後，郭五把鉋子放在嘴邊輕輕一吹，只見一縷輕盈的薄絲兒就從裏邊飄了出來。

這一幕把雷聲澂看愣了，立刻央求郭五教他。

郭五撫著雷聲澂的肩膀說：「不錯，我雷大哥終於是得著一個喜歡木匠活兒的兒子。澂兒，我剛剛能從鉋子裏吹出薄絲兒，全仗著這鉋子刃兒快。這也是當木匠要學的第一課，就是磨刀刃。」

雷聲澂笑著說：「郭叔，磨刀刃不難呀，我磨過菜刀。」

郭五嚴肅地說：「澂兒，你可千萬別小看這件事兒，要知道只有得著趁手的傢夥什才能幹好木活兒。磨這種平刃兒還是小能耐，你得學著把鋸子的鋸口、鑿子的鑿口磨得很鋒利，要不然你鋸出的木料、鑿出來的木穴坑坑窪窪的，最後連房子的框架都不能完全合上茬口，房子蓋完也不牢靠，那可是容易出人命的。」

看到雷聲瀓臉上也嚴肅起來，郭五拍拍他的肩膀，說：「你這兩年就好好練練磨刀刃吧，等你這個本事練好了，到你十四歲那年，我就可以帶你進樣式房跟正經木匠學蓋房子。但是記住，不要圖快，慢慢磨，慢慢想，這是你以後吃一輩子飯的傢伙。」

雷聲瀓認真地應承了下來。

磨刃具是木匠學徒的最基本的必修課，因為想要做好活計，就得有趁手的工具，而工具的好壞直接取決於刃具的好壞，如果刃具磨不好，那一切木工活兒都無從做起。學習磨刃具也是一個磨煉性情的好機會，著急的人和使蠻勁兒的人都磨不好，只有細緻耐心地思考，找到適合自己的方法，用正確的姿勢、合適的力道，才能磨好刃具，這門手藝是木匠受用一輩子的本領。

雷聲瀓先磨幅面寬些的刃具，慢慢尋找適合自己的方法，用了一年半時間，吃了很多苦，終於在一個炎熱的夏季傍晚發現自己磨的刃具刨出可以吹起來的薄絲了，這讓雷聲瀓興奮了一整天。

但他隨即又沉下心，開始試著磨窄幅的刃具了。

這時的雷聲瀓經驗豐富多了，磨窄幅刃具進展很快，兩三個月就熟練掌握了磨窄幅刀刃的技巧。

更重要的是，經過將近兩年磨刃具的錘煉，雷聲瀓性子沉穩了不少，稚嫩的臉上增添了成熟與平靜的表情。

雷聲瀓的這一變化讓年過花甲的郭五大喜過望，心中為已故的雷金玉慶幸不已。

第二年正月底，天氣稍稍轉暖，郭五就把少年老成的雷聲瀓帶進了樣式房，讓他跟著眾多老師傅學習木工手藝。匠人們知曉雷聲瀓的家世，都經常提點他，在木活兒的實際操作過程中，雷聲瀓也很用心地學習和觀察，木工手藝突飛猛進，不到二十歲就名列樣式房的十六個正式匠人名錄，一度式微的雷家終於又在京城的皇家建築工程界站穩了腳跟。

雷聲澂巧設乾隆花園

故宮有四大花園：御花園、建福宮花園、慈寧宮花園和寧壽宮花園，其中寧壽宮花園是在乾隆三十六年到乾隆四十一年之間（一七七一—一七七六年）修建的，後人又稱之為「乾隆花園」。

乾隆花園是由「樣式雷」設計的，此前大多的記載都說是雷聲澂的第二個兒子雷家璽，不過從建園時間推斷，這個「樣式雷」應該是雷聲澂本人。

查雷家的族譜可以知道，雷家璽是乾隆二十九年（一七六四年）出生，乾隆三十年（一七七一年）寧壽宮花園開始建造時還只是個七八歲的孩童，不可能擔任花園的設計工作，而當時雷聲澂剛剛年過四十，正是年富力強的時候，已經在樣式房供職多年，技術精湛、經驗豐富，所以應當是雷聲澂主持設計了寧壽宮花園，並長期擔任現場監督指導和方案修改工作。

乾隆皇帝的頤養天年之所

乾隆三十六年（一七七一年），乾隆皇帝已經六十一（虛）歲了，剛剛為母親崇慶皇太后舉辦過八旬萬壽盛典。慶典當天，他和皇太后端坐在殿臺之上，接受殿下文武百官和各國使節的祝賀，看著自己成群的兒孫在臺下和樂融融，乾隆皇帝喜不自勝，感覺自己在位三十多年來政績斐然，天下太平，百姓安居樂業，便想為自己建一座精緻的花園頤養天年。

乾隆皇帝確定了想法之後，就思忖著在紫禁城找一個地方修園子。經過一番觀察，他選定了他居住的養心殿西邊的寧壽宮，這是當年康熙皇帝為了皇太后頤養天年而修建的。寧壽宮裏有不少空地，很適合擴建，而且寧壽宮在紫禁城的東北角，比較清靜，也適合建花園，於是乾隆皇帝下旨給工部，讓他們籌劃這件事。

有一天，乾隆皇帝和往常一樣在乾清宮批閱奏摺，其中一封有關蘇州園林的奏報引起了他的注意，奏報上說蘇州最近幾年又修了不少別具一格的精緻園林，希望皇帝能前去視察一下。

這讓乾隆皇帝猛然想起了擴建寧壽宮的事情，於是他對身旁侍候的內侍太監說：「這一晃幾個月過去了，寧壽宮修園的事，可有回奏？」

內侍太監說：「奴才聽說工部找了個人，正在製作燙樣呢。」

乾隆皇帝一聽，覺得下邊兒沒把這當回事，不悅地說：「工部找的誰？怎麼這麼不把朕的事情當回事兒。」

內侍太監回答：「奴才也不記得具體的名字，就知道那人外號『樣式雷』。」

「哦——」乾隆皇帝想起四十多年前，自己曾經為一個人稱「樣式雷」的老工匠寫過一幅匾，現在這個「樣式雷」莫不是那老匠人的後代？

於是乾隆皇帝說道：「聽著耳熟。你去樣式房傳朕的口諭，讓他半個月之內趕出燙樣，呈給朕觀覽。」

內侍太監面有難色地說道：「前一陣子奴才差人去找過，樣式房的工匠們說『樣式雷』為了建好這個花園，專程去蘇杭一帶看園林了。奴才還不知道他現在回來沒有？」

乾隆皇帝聞言，心中暗讚這是個做事認真的人兒，於是緩了緩語氣，說：「哦，那傳朕口諭讓他儘快回來，一個月趕出燙樣吧。」

「喳！奴才這就去辦。」內侍太監不敢怠慢，趕緊去了一趟樣式房。

雷聲澂為皇命奔波

年紀輕輕的雷聲澂正式入列樣式房之後，憑藉高超的木工手藝和過人的悟性，一步一腳印，不斷提升著自己在十六個工匠中的排名，不到四十歲就技壓群匠，晉升為樣式房的掌案，正式成為第三代「樣式雷」，接續了雷家的榮耀。

乾隆時期正值清朝國力強盛，京城內外大興土木之際，成為樣式房掌案後，雷聲澂主持設計建造了不少大型皇家宮殿，這令「樣式雷」的名號再度譽滿京師，京城的官員百姓多稱其為「樣式雷」，他的真名反而沒有太多人知曉了。

三個月前，工部剛接到乾隆皇帝的旨意，就派人把旨意下到了樣式房，交由掌案雷聲澂負責製作燙樣。

雷聲澂不敢怠慢，立即向工部申請，由工部出面交涉，安排自己和樣式房的幾位同僚親往寧壽宮勘察地形等現場情況，繪製了地勢、風水形勢等圖樣。

此外，雷聲澂還申請工部允許他前往查看此前紫禁城各處宮殿的圖紙，仔細研究了幾天，既為學習前人設計的可取之處，也為避免自己的設計和之前的重了樣兒。

之後，心思細密的雷聲澂使了些銀子，從內侍太監那裏打探到了乾隆皇帝修建寧壽宮花園的確切目的，又知道乾隆皇帝在此之前已經四下江南〔分別為乾隆十六年（一七五一年）、二十二年（一七五七年）、二十七年（一七六二年）、三十年（一七六五年），此後又在四十五年（一七八〇年）和四十九年（一七八四年）兩下江南，前後共計六次〕，十分喜歡蘇杭的園林。

雷聲澂心裏有了底之後，決定親自去蘇杭考察一下那邊的園林，以確保自己設計建造的園子能讓乾隆皇帝滿意。

他交代樣式房的其餘工匠們代為籌備工料之後，就帶上了幾位比較年輕機靈的工匠，快馬加鞭，走陸路經過直隸（大致包括今河北省和北京市、天津市）、山東到達江蘇清口（今江蘇淮安），從清口的徐家渡口渡過黃河（當時黃河還沒有改道，仍是由淮入海），然後乘船沿著大運河南下，先後考察了揚州、蘇州和杭州的園林。之後一行人又趕緊沿運河北上，在山東德州登岸，由陸路趕回了北京。這一個來回饒是行程緊湊，可也耗去了將近三個月時間。

這天雷聲澂一行人剛剛趕回京城，一路鞍馬勞頓，但他心裏裝著乾隆皇帝的差事，都沒敢回家就先直奔樣式房了。

雷聲澂迅速瞭解了一下這兩三個月的公事，覺得一切按部就班，還比較滿意，就準備回家洗個澡緩緩乏，明天再來。

就在雷聲澂一腳門裏一腳門外的時候，正好看到前方一夥人急火火地趕來，為首的正是乾隆皇帝的那個內侍太監。他顧不得寒暄，簡單明瞭地交代了皇帝的口諭。

雷聲澂拜謝內侍太監之後，立刻返回樣式房，把同僚們都召集起來商討公事，分配任務。

樣式房的工作流程

樣式房是清代皇家建築的設計和監管施工機構，透過對歷代「樣式雷」供役時工作日記的整理，我們可以清楚地知道他們參與皇家建築的勘察、設計、勘估和施工的全過程。現以寧壽宮花園為例，簡要地談一下樣式房的工作流程。

前文提到，雷聲澂等人前往寧壽宮勘察地形並繪製地勢、風水圖樣，這是樣式房在工程勘察階段的主要工作。

接下來，雷聲澂把同僚召集起來商量設計思路和分配任務，這就屬於設計階段的工作範疇了。因為雍正十二年（一七三四年）工部頒佈了《工程做法則例》，對宮廷營建的壇廟、宮殿、陵寢、倉庫、城垣、王府等建築都制定了嚴格標準，樣式房的工匠們很難再在建築形制上搞出新花樣了。雷聲澂深知此點，經過一番商討之後，他授意幾位同僚先仿照紫禁城的規制做一些縮小處理，但畫出的圖樣務必保證殿閣樓臺亭齋軒館無不具備，一定要滿足乾隆皇帝對排場的要求，要讓寧壽宮成為整個紫禁城最具特色的建築群落。

雷聲澂自己則另闢蹊徑，準備仿照蘇杭園林的風格設計，把寧壽宮西北角的一塊空地設計為花園。花園的建造沒有嚴格的制度要求，可以採用非對稱設計，使花園顯得既靈巧、新穎，又不失典雅，剛剛考察完江南園林的雷聲澂決定親自畫圖並趕製燙樣。

樣式房的工匠們各司其職，緊鑼密鼓地進行著各自的設計工作。

雷聲澂把主要的精力放在寧壽宮花園的設計上，他把這片南北長一百六十公尺、東西寬三十七公尺的花園分為四進院落，每個院落的景象各不相同，相當於四個小花園，都依照蘇杭園林的風格精心設計，結構緊湊，空間靈活，氣氛各異；整個園子二十幾個建築屋頂形式多樣、色彩豐富，南北中軸線前半部筆直，後半部略向東偏，曲直相間、變化有度，既不失皇家園林的典雅氣氛，又有著江南園林的玲瓏雋秀。

雷聲澂先用一週時間畫出了詳細的圖樣，進呈給工部的主管大臣。工部的大臣看後十分歎服雷聲澂別出心裁的精巧設計，第二天便攜圖樣進呈乾隆皇帝。乾隆皇帝接過圖樣仔細觀看，連連點頭，心中暗喜：「真不愧是『樣式雷』的傳人，設計新穎獨特，頗合朕意。」他讚許了雷聲澂的設計方案，並對一些建築的內部裝飾提了一些具體要求，命雷聲澂一個月內進奉燙樣。

得到皇帝的許可並仔細記下要求之後，雷聲澂立刻帶領工匠們趕製寧壽宮花園燙樣。

在「樣式雷」的燙樣中，除了房屋建築外，還包括山石、樹木、花草、水池、船塢以及庭院陳設等，房屋模型的屋頂可以靈活取下，以便洞視其內部，如樑架結構、內檐彩畫式樣等，燙樣上還貼有表示建築各部尺寸的標籤。有些燙樣的內部有一些室內陳設，如桌椅、床榻、几案等，有些是注明室內物件的安放位置、室內裝修要求等。

透過燙樣，皇帝可以直觀地看出建築物是否符合要求，並據此進行修改，直到皇帝滿意為止。

二十多天後，雷聲澂按時上呈了花園燙樣，乾隆頗為滿意，又將自己對各個建築內部陳設和裝飾的要求寫在紙上，直接貼在建築燙樣上。

雷聲澂接回燙樣後按照皇帝的要求進行了一番改動，之後再次上呈。乾隆皇帝取下各燙樣的屋頂，仔細觀覽之後，終於滿意地說：「就按照這樣建花園吧。」

之後，寧壽宮花園的建造進入勘估階段，在工部主管大臣的主持下，樣式房和算房（是清代工部下屬一個管理工程預算的機構，與樣式房共同構成清代工部所轄技術部門的兩大主要機構）共同製作了做法清冊，就是把寧壽宮花園各建築的備料（各種材料和用量）、用工數量、各構件的尺寸大小、比例關係和構造方式以及各技術工種的具體做法要求等列了一個清單。

有了做法清冊，就可以估算出大體上的資金需求，資金到位後，寧壽宮花園就正式進入施工階段。

在此期間，製作燙樣的樣式房工匠們還要深入工程現場，指導施工並協調設計與工程做法，如負責對照燙樣和圖樣向施工人員解釋設計，繪製施工進程圖樣，並根據實際情況更改設計，記錄監督施工進度以及報告工程進度等等。

乾隆皇帝頤養天年的住所要盡心修建，不能圖快，寧壽宮的改擴建工程從設計到施工前後進行了六年之久，雷聲澂和樣式房的工匠們真可謂盡心竭力、嘔心瀝血，終於出色地完成了任務。

乾隆皇帝遊園

寧壽宮花園建成後，雷聲澂先請主管的工部大臣來查驗，工部大臣看過後大加稱讚：「此園甚是美好，頗具江南風格，萬歲爺定會滿意。」聽他這麼一說，雷聲澂心裏才踏實下來，等候乾隆皇帝前來查驗。

幾天後，乾隆皇帝在幾位親信大臣的陪同下來到擴建後的寧壽宮。他首先觀察了寧壽宮的主體建築群，覺得這幾乎就是個縮小版的紫禁城，殿閣樓臺亭齋軒館無所不有，很合自己心意，面上便帶了幾分喜色。不過因為建築的形制早有規定，也就少了很多期待，所以乾隆皇帝在每處建築前都是走馬觀花，沒停留太久，之後就催促雷聲澂帶路去遊賞花園。

寧壽宮及花園是乾隆皇帝退位後的頤養之所，所以他對此傾注了大量心血，大多數園林、點景、樓閣的設計和內檐裝修（內部裝修）都經他過目之後最終確定，宮中、園內的多數門、亭、樓閣也都由他親自定名、題名，這些名稱表現了他對長壽福祿和隱逸生活的追求。

如花園的大門——衍祺門，就出自《詩經・行葦》中的「壽考維祺，以介景福」句，「衍」通「延」，「祺」即祥，表明花園的主題是祈求福壽祥瑞。

再如第二進院落——遂初堂，取自晉代隱士孫綽的〈遂初賦〉，其中有「去官歸隱，得遂心願」句，表明乾隆皇帝對隱逸生活的嚮往。

又如花園最北端的倦勤齋，出自《尚書．大禹謨》：「朕宅帝位三十有三載，耄期倦于勤」，更加明確表達了乾隆皇帝想效仿舜帝，在花費數十年時間將國家治理好之後，晚年厭倦了勤於政務的日子，可歸政以安享晚年。

一行人跨過衍祺門，進入花園的第一個院落——古華軒。

只見迎門是一座假山，松柏點綴其間，遮住了後面的景物。向東通過一段彎曲小徑，乾隆皇帝等人繞出小院，眼前豁然開朗，只見一棵高大的古楸樹傲然挺立。

古華軒的名字正是乾隆皇帝根據這棵古楸樹所起。當年雷聲澂繪製花園圖樣時，在這棵樹所在的位置設置了一座五開間歇山捲棚式屋頂的敞軒，曾因此請示乾隆皇帝砍伐此樹，但乾隆皇帝愛惜它百餘年長成不易，修改了設計方案，還把這個院落御筆親題為「古華軒」，「華」通「花」，所指即是古楸樹的花朵。知道皇帝的心意後，雷聲澂琢磨一番，把敞軒挪到古楸樹的西側，令古楸樹的蔥綠樹冠和敞軒交相輝映，融為一體，把院子點綴得古色古香。

乾隆皇帝一邊看，一邊讚歎：「真是幽雅所在啊！」欣喜之餘，乾隆皇帝進入了四面開敞的古華軒中，親題楹聯：「清風明月無盡藏，長楸古柏是佳朋。」

這棵古楸樹至今仍在，已經四百多歲了，高達二十公尺，樹幹周長一．八公尺，是故宮十幾棵古楸樹裏面最著名的一棵，人稱「古華楸」，乾隆皇帝親題的楹聯和四首匾額詩也仍懸掛在樹旁軒中。

題寫完楹聯之後，乾隆皇帝走出古華軒，又興致勃勃地走向院落西側的禊賞亭。這個亭子是乾隆皇帝傾慕王羲之蘭亭修禊事而建。禊就是「潔」，是古人在郊野水邊沐浴以清除不祥、消弭疾病的祭祀活動，後來逐漸演變成大規模的踏青遊賞，其中最著名的當屬東晉永和九年（三五三年）三月初三日王羲之父子和名臣謝安等四十餘人的修禊流觴（酒杯）盛會，王羲之和親友們既要喝掉漂流到自己面前的那杯酒，還要當場作詩，王羲之酒酣之際，揮毫寫下不朽名篇〈蘭亭集序〉。此後，中國文人逐漸形成了蘭亭情結，喜愛附庸風雅的乾隆皇帝也不例外，所以特意吩咐雷聲澂為他打造了這座禊賞亭，成為花園中的點睛之筆。

乾隆皇帝邁步進亭，欣喜地看著地面九曲十八彎的溝槽，憧憬著以後每年三月三日和股肱大臣們曲水流觴的場景，陶醉其中，久久不能自拔，一邊心猿意馬地逛著第二和第三進院落，一邊構思著他的題禊賞亭詩。

直到進入第四個院落，見到了庭院中間的符望閣，乾隆皇帝眼前一亮，才拉回不斷飄散的游思。

符望閣是寧壽宮花園裏最高大的建築，登臨其上可一覽紫禁城內外秀色。乾隆皇帝登閣遠望，頓感滿眼景色，向南一望，花園的全景盡收眼底，百花爭艷，滿園清香，閣樓、山石、曲徑，相間有致；向北一望，景山五亭似乎近在咫尺，在夕陽的映襯下，西山含黛，紫禁澄輝，使皇城更顯莊嚴壯麗，站在這閣樓上，他如身臨仙境。

在符望閣上飽覽一番紫禁城內外美景之後，乾隆皇帝又在雷聲澂的引導下進入閣內觀覽。

對符望閣的內檐裝修，雷聲澂可謂是絞盡腦汁，自從六年前他考察蘇杭園林之後，就向工部申請徵召了多名江南地區的頂尖工匠，讓他們嚴格按照江南工藝的最高標準，製作出精美無比的木雕、玉雕、雙面繡、竹絲鑲嵌、鏨銅、琺瑯、雕漆、軟硬螺鈿等器物，此外，雷聲澂還遵照乾隆皇帝對室內裝修的要求，打破了器物的界限，把這些頂尖的江南工藝鋪陳擴張到整個室內空間，如紫檀嵌玉欄罩、雙面繡檻窗、螺鈿龍紋雕漆迎風板、沉香嵌玉花窗等，各種不同類型的室內裝修巧妙地分隔了空間，穿門越檻，方位總在變換，容易迷失方向。乾隆皇帝仔細觀察一番之後，笑著對雷聲澂說：「雷愛卿的手筆真是巧奪天工，若非愛卿帶路，朕今日恐怕要在這閣內迷路了。」

此後，雷聲澂又引領乾隆皇帝進入花園最北端的倦勤齋。

由於乾隆皇帝把這裏視作自己當太上皇以後的住所，所以雷聲澂等工匠們對這處建築的設計和內部裝修用心極深，使其成為整個花園裏最奢華的建築，最見心思的當屬一片楠木製作的竹林。這是怎麼回事呢？原來是喜歡江南風物的乾隆皇帝在花園的設計階段，就明確提出他未來居住的倦勤齋必須要有一片竹林，但因為當時北京氣候過於乾燥，竹子很難長期存活，雷聲澂百般思索之後，最終決定讓工匠用楠木做出竹林的模樣，然後在楠木上著色繪畫，甚至細緻到把竹節都畫上了。

由於製作刻畫堪稱完美，乾隆皇帝在瞬息之間沒能發現真相，直到他在雷聲澂的提示下湊近細看才發現內裏玄機。

待雷聲澂說明原因之後，乾隆皇帝不禁會心一笑，拍著雷聲澂的肩膀說道：「雷愛卿心思縝密，真是技藝精湛！」

乾隆皇帝在這園子裏轉了個夠，真是愈看愈喜歡，直到夕陽西下才依依不捨地離開了，日後也是常來遊玩，欣賞著滿園的美景，暢想著自己退位後的愜意生活。

乾隆六十年（一七九五年），乾隆皇帝禪位於十五子顒琰，不敢超過聖祖在位年限。

但他身體十分硬朗，八十多歲仍然耳聰目明，仍舊貪戀權位，仍舊過問政事，所以他並沒有真正入住過寧壽宮。雖則如此，乾隆皇帝對寧壽宮的喜愛卻並未減弱分毫，晚年還降旨不許對寧壽宮進行改建，而這道聖旨也讓寧壽宮花園（後稱「乾隆花園」）得以完整保存至今。

樣式雷的中興

齊心協力三兄弟

前文已經提到雷聲澂有三個兒子，他們分別叫作雷家瑋、雷家璽、雷家瑞。三兄弟在父親的苦心教導和自己的刻苦努力下，都進入樣式房擔任職務，其中雷家璽是三兄弟中能力和聲望最高的，長期擔任樣式房掌案，而他的大哥家瑋、三弟家瑞都盡心輔佐他。

三兄弟活躍在乾隆後期至道光前期的京城皇家建築舞臺上，享受著清王朝由盛轉衰前夜的建築盛世，留下了大量的建築遺產。

為了更好地應對異常繁忙的皇家建築工程及日益增多的日常事務，雷家三兄弟分工明確：長兄雷家瑋主要負責外派事務，常年在外奔波，查辦各地行宮和堤壩工程的修建，兼顧濱海地帶的鹽業等，往往一出門就是一兩年。

二兄雷家璽則坐鎮圓明園樣式房，專心辦理皇家建築工程，除繼續修造圓明園工程之外，還應乾隆皇帝徵召，投身「三山五園」（北京西郊一帶皇家行宮苑囿的總稱）和承德避暑山莊的修建之中。

此外，雷家璽還承辦紫禁城及京城內每年一度的元宵花燈展示（張掛各種花燈）、焰火表演，甚至還要策劃樂園演戲時的佈景和道具，其中最出彩的工程當屬乾隆皇帝八十大壽時的點景樓臺工程。

在雷家璽的精心設計佈置之下，從圓明園到紫禁城沿路亭臺樓閣都被修葺一新，還設置了各種西洋樓房、演劇戲臺、寶塔牌樓等臨時建築，各種新奇精美的景觀多達數百處。乾隆八旬盛典當天，文武百官及士紳百姓列隊通過，無不鼓舞振奮，列國來賓也都覺眼花撩亂，讚歎不已。

三弟雷家瑞為人比較低調，甘願為了雷家的整體利益留守家中打理各種家族生意與事務，為兄長們解除後顧之憂，不過當兩位兄長都外出公幹而朝廷又有建築工程任務時，他也會勇挑重擔，坐鎮樣式房，負責皇家建築工程的設計和材料的採買。如嘉慶皇帝繼位之初，雷家璽前往河北易縣為其建造「萬年吉地」（即陵寢）時，雷家瑞即被授予樣式房掌案之職，代替兄長打理樣式房事務，等到兄長在外地的工程告竣回京，自己負責的公事也料理完畢之後，雷家瑞便退還公差，回家料理家族事務如置辦商鋪、田產，改修祖宅院落，重修雷氏宗譜等。

在三兄弟的通力合作之下，雷氏家族蒸蒸日上，不但參與了大量皇家園林的維修、添修和改建工作，還拓展了修築業務的範圍，雷氏家族的產業更加興旺發達，艱難接續家族事業的雷聲澂終於可以含笑九泉了。

雷家璽與「佛大殿小」

乾隆皇帝一直崇拜他的祖父康熙皇帝，康熙皇帝在位六十一年，所以乾隆皇帝就表示在位滿六十年就會把皇位傳給儲君，保證自己的任期不會超過祖父，但可能他自己都沒想到的是他的身體一直十分硬朗，竟然成了中國歷史上最長壽的皇帝（八十八歲）。他的兒子們顯然不如父親長壽，乾隆皇帝一共有十七個兒子，有十個在乾隆皇帝在位的前半期去世（後來又有一個兒子早逝），另有兩個兒子過繼了出去，最終只得在所剩無幾的繼承人選裏面挑出了才華平庸卻穩重勤奮的皇十五子永琰（後改為顒琰），在乾隆三十八年（一七七三年）冬天，把永琰的名字寫在了木匣子裏，藏在「正大光明」匾的後面。

乾隆皇帝八十多歲時，眼瞅著自己規定的六十年期限一天天臨近，卻愈來愈捨不下自己獨攬朝政的權力，同時也對資質一般的繼承人不太放心。權臣和珅看在眼裏，也擔心乾隆皇帝退位後自己手上的權力不保，甚至會有殺身之禍，於是就趁機給乾隆皇帝出了個「傳位不傳璽」的主意，就是在位滿六十年後，把皇帝之位傳給永琰，但不給傳國玉璽，這樣朝廷的大政方針依舊可由乾隆皇帝把控。這正中乾隆皇帝下懷，立即被採納，於是乾隆皇帝在退位之後仍然把持朝政三年之久，成為中國歷史上實際執政時間最長的皇帝。

不過雖說是「傳位不傳璽」，但乾隆皇帝在傳位給兒子嘉慶皇帝之後，用不著事必躬親，倒是清閒了不少，於是開始花更多心思在自己年輕時就喜歡的事情上面。乾隆皇帝一向崇佛、信佛，修建了很多佛教廟宇，這點在他成為太上皇以後也沒有改變。

話說這次乾隆皇帝要在玉泉山西坡下建一座大殿供佛，工程當然是要由第四代「樣式雷」——雷家璽負責。

當時以雷家璽三兄弟為代表的「樣式雷」家族在京城皇家建築界可謂呼風喚雨，承包下來的大小工程不計其數，往往不能處處工程都整日親自盯著，於是部份專案也會轉包給他人。

而雷家璽接到玉泉山西坡大殿建造任務的時候，正趕上天旱無雨，京西北塢村一帶的老百姓整日飢腸轆轆，都快餓死了，為了救濟窮人，加之工程本身難度不大，雷家璽就用以工代賑的方式把工程轉包給北塢村的一位包工頭，工程費用一文不扣，但要求參加建設的瓦木匠必須是北塢村十七八歲、二十來歲的年輕人，以工代學、邊做邊學，工程完畢要培養出一批合格的瓦木匠，這樣等以後雷家大量接活兒時也能有熟練工人頂上。

包工頭高興地答應了雷家璽的要求，但他也擔心以工代學的鄉親後生們能不能順利完成任務。

工程接下來以後，包工頭便帶著一幫經過挑選的青年來到工地，邊規劃邊合計：工期一年，今冬仨月加上春節就佔了一百天，只有日夜加班才能如期完工。因此包工頭要求大家要出活快、尺碼準，千萬不可忙中出錯。

沒料到忙中還是出了錯，一位小木匠在師傅上茅房的工夫就看錯了尺碼，把大柁

（樑架中最下面的一根樑，最長）鋸成了二柁。

這事情要是嚷嚷出去，誰也吃不了兜著走，於是，大家在一起合計了半天，但最後仍然是張飛拿耗子——大眼瞪小眼。

包工頭束手無策，只好硬著頭皮到海淀鎮雷家如實相告。

雷家璽一聽大柁鋸短了也是大吃一驚，趕緊隨著包工頭來到玉泉山工地。

他在木料場繞了三圈，看了量，量了看，心裏涼了半截，暗道：這豈止是大柁鋸錯了，柁木檁件的尺寸整個是猴吃麻花——滿擰。

怎麼辦？他想了又想，終於有了主意，大聲說道：「木料不要，磚石改料。磚多石少，佛大殿小。」

他將包工頭叫到一旁，如此這般地面授機宜，包工頭耳聽口問，連連道好。

一座沒有一根木頭、完全是磚石仿木結構的大殿很快就建成了，工程如期完工。因為大殿不是發券（砌築券）而成，所以叫無樑殿；又因工料是按照大佛的身量準備的，看上去給人一種佛大殿小的感覺，人們又管它叫「佛大殿小」。

據說，無樑殿竣工時，乾隆皇帝參加大佛開光典禮時問為什麼大殿沒有樑？雷家璽回答：「因為無量壽佛是大殿的主人，所以設計了無樑殿。」乾隆皇帝又問，為什麼這座無樑殿顯得佛大殿小呢？雷家璽回答道：「吾皇萬歲！這格局就是按佛大殿小設計的。因為老佛爺佛法無邊、至高無上啊！」乾隆皇帝聽了這話，心裏樂滋滋的：是呀，怪不得臣民都叫我乾隆老佛爺呢！」

雷家璽不僅用自己的仁慈之心救活了一批窮人，培養了一批瓦木匠後輩，還用智慧和機敏化解了一場「欺君之罪」的大難。

而虛驚一場的北塢村工匠們也都吸取了教訓，後來認認真真地跟著樣式雷家族學習木工手藝，雷家也一絲不苟地教授他們，繼續讓他們參與工程。

師徒對對兒

北塢村工匠和「樣式雷」家族的這種師徒關係一直保持到清末，時間長達百年之久。清末民初，北塢村還出了一位能工巧匠，曾為民國大總統袁世凱修過墳地，為盤踞東北的張作霖建過帥府，繼「樣式雷」家族之後扛起了民國北平建築的大旗，他就是第七代「樣式雷」雷廷昌的徒弟——党子玉。

党子玉在清末民初享譽海淀、香山一帶，人送外號「鎮京西」。一九五二年，著名建築學家梁思成在為中國人民大學的學生講課時曾特意提到過党子玉，並感歎地說：「可惜党子玉不在人世啦。」雖說他早不在世了，但他和師傅雷廷昌對對兒的故事卻流傳於京西民間，說來饒有趣味。

清朝末年，有一次雷廷昌和党子玉師徒應邀到香山四王府參加魯班廟竣工典禮。所謂的竣工典禮，就是在工程結束之後，東家請參加修建的瓦木匠和小工們吃一次宴席，犒勞犒勞大夥兒，表達一下謝意。

師徒倆騎著小毛驢，在串鈴的叮噹聲中來到了四王府，老遠就見魯班廟前空地眾多瓦木匠們正在呼五喝六、猜拳行令，好不熱鬧。當中有人看到兩人騎驢而來，高喊了一聲：「鎮京西駕到！」

原來，雷廷昌雖說是當時京城皇家建築界的泰斗，但大多數時間都是為大型皇家建築琢磨形制、製作燙樣，一般修廟之類的小活兒並不會直接參與，都是包給下面的徒弟或熟絡的包工頭處理，比如京西這一片，遵照太爺爺那時傳下來的老例兒，一向都是交給北塢村的工匠們，而他的高徒党子玉是北塢村工匠裏面最頂尖的，自然就被京西一帶的建築圈兒的各色人物所熟識和敬仰，雷廷昌則因為不常來這裏露面，所以當地也就沒幾個人見過他，更別提認識了。

雷廷昌心胸開闊，加上本就是來給徒弟捧場的，聽了這句吆喝後也並不在意，反倒和党子玉打趣：「喲！徒弟行呀，都成腕兒啦！」

但党子玉作為晚輩不能實授，一聽這吆喝感覺著實扎耳朵，趕忙跳下毛驢將師傅扶下，接著拱手向眾人施禮道：「各位父老鄉親，今天光臨駕到的不是我党子玉，而是這位大名鼎鼎的京城樣式房掌案，我的授業恩師——雷廷昌大人。」

眾弟兄一聽說「樣式雷」，如雷貫耳，紛紛撲通撲通地跪地施禮：「見過雷大人！我等鄉間草民，有眼不識金鑲玉，還望雷大人多多包涵！」

雷廷昌是個見過世面的人，到什麼山唱什麼歌，也雙手一抱，行禮說道：「諸位不用行此大禮，趕緊起來吧。咱們都靠同一個祖師爺賞飯，今兒雷某身臨貴梓就是要拜一拜鄉賢智叟呀！」

話音剛落，閃出一位身穿長衫的文人，正是這次修魯班廟的一位主要出資人的兒子，他說道：「寒儒見二位儀表堂堂，又是吃『皇糧』的，定是手眼非凡，滿腹經綸。寒儒正愁魯班廟的對聯寫不出來呢，敬請二位大師為小廟撰聯一幅，以光耀山野！」

雷廷昌見有人如此請託，一時不知道該不該答應，便側臉看了一眼徒弟。

党子玉眼明心快，笑著商量道：「恩師，咱爺兒倆本是魯班傳人，為祖師廟撰寫對聯也屬分內之事，何況盛情難卻，以徒弟之見，還是請師父不要推辭啦！」

見徒弟這麼說，雷廷昌便不再推辭，說道：「好，那我就獻醜啦！子玉，我說上聯，你對下聯。」他略一思忖，脫口而出：「七水八木九根尺。」

党子玉心知師父要抬自己，立馬對道：「三磚五瓦一刀灰。」

眾位瓦木匠聽罷師徒的上下對聯，心裏暗道：「對得好，真把木匠和瓦匠的活計說到家嘍，很是對榫。」

可是常言道隔行如隔山。那位穿長衫的文人躬身施禮道：「上聯的『七水八木』，下聯的『三磚五瓦』究指何義，在下不太明白，還望雷大人指點迷津。」

雷廷昌耐心地講解：「此對聯上下句本出自家傳〈魯班訣〉的兩句訣語。〈魯班訣〉是吾家先祖所編，口耳相傳父子相襲，不傳外姓。但到了我這輩兒，我覺得祖宗的這點手藝不應再保守獨傳，不然，就有失傳的可能，這才傳予了小徒子玉。至於『七水八木』『三磚五瓦』作何解，子玉你來說道說道吧！」

機靈的党子玉立刻接過話音說道：「七水：回水、平水、散水、滴水、清水、分水和扇水；八木：戧木、枕木、楞木、雀木、替木、柘木、楊腳木和扶脊木；九根尺是說木匠使用的尺子共有九種。三磚是花磚、青磚和金磚；五瓦是蓋瓦、筒瓦、貓頭瓦、陰陽瓦和琉璃瓦；一刀灰是抹灰條。這副對聯放在魯班廟前最貼切不過啦！」

這位文人聽了雷廷昌和党子玉的解釋，雖然對這些名詞還是不甚了了，但也明白了瓦木匠的活計內容還是很豐富的，不可小看。

他叫人拿來文房四寶，執筆濡墨，這副「七水八木九根尺，三磚五瓦一刀灰」的顏體楷書對聯很快就寫出來了，貼在魯班廟門上。

來參加典禮的人們看到後，無不誇對得工、撰得好。

雷思起重修圓明園

英法聯軍火燒圓明園

一八六〇年九月二十一日，持續四年之久的第二次鴉片戰爭已接近最後的尾聲。這天早上七點，在東距通州八里的八里橋一帶，深受咸豐皇帝器重的鐵帽子王僧格林沁集結三萬清兵，其中包括精銳的蒙古騎兵一萬人，與來犯的英法聯軍決一死戰。

最終結果，三萬多名彪悍勇猛但裝備落後、戰法陳舊的清軍部隊死傷過半，陣地失守，而不到一萬人的英法聯軍只付出了十二人陣亡的輕微代價。

經此一役，京城再也無險可守。咸豐皇帝聞訊立即收拾行裝，第二天親自前往圓明園安佑宮祭告列祖列宗的牌位，然後便帶著後宮和戲班子從圓明園出長春園大東門，打著「親征」的旗號倉皇逃至承德避暑山莊，留下恭親王奕訢與洋人周旋。

坐落在北京西郊海淀區的圓明園由圓明園、長春園、綺春園（同治重修時改稱「萬春園」）三園組成，有園林風景一百多處，建築面積約十六萬平方公尺，是清朝帝王在一百五十餘年間陸續營建的一座大型皇家宮苑，它繼承中國歷代造園藝術，匯集全國名園勝景，兼收西方建築形式，被當時的西方人譽為「萬園之園」。

這裏最初是康熙皇帝賜給皇四子胤禛的花園，雍正皇帝即位後加以拓展，後來在園南增建了正大光明殿和勤政殿以及內閣、六部、軍機處諸值房，用作自己夏秋時節「避喧聽政」的場所。

以後的乾隆、嘉慶、道光、咸豐各帝每到夏秋多在這裏避暑聽政，處理軍國政務，他們一年大部份的時間都住在圓明園，圓明園的北部為遊玩娛樂的場所，南部為朝會及大臣侍值的區域，清朝中央各機關在圓明園內都有自己的衙署值房。

雍正帝以後歷任皇帝對圓明園大加擴展、修葺，所以園內也常設一個建築設計機構——樣式房，而咸豐帝在位期間的最後一次圓明園大修正是由「樣式雷」家族的第五代雷景修主持的，由於局勢吃緊，一個月前倉促停工了。

一八六〇年十月六日，英法聯軍兵臨北京城下，打探清楚北城的清軍守城力量最薄弱後，他們便繞道攻打安定門、德勝門。此時駐守的清軍早已軍心渙散，半數已潰散，剩餘的也都沒什麼鬥志了，大家稍事抵抗後就紛紛退到圓明園，於是，英法聯軍便藉此堂而皇之地闖進了圓明園。

十月七日晚上，首先闖入圓明園的是法國侵略者，他們見東西就搶，口袋裏裝滿了珍品寶物。後來英軍也趕來了，他們的統帥格蘭特直接下令讓每個軍隊的一半軍官在第二天上午到圓明園搶劫，其餘的一半則在下午去，這條命令的一半被他的手下嚴格遵守了，就是到圓明園去搶劫，但並不區分軍官、士兵和文職人員。

從七日晚到八日，一萬多名英法強盜貪婪地撲向圓明園琳瑯滿目的珍藏，瘋狂洗劫，能搶就搶，能運就運，搬不走的大件器物就喪心病狂地砸碎。不到兩天時間，曾經的萬園之園幾乎被洗劫一空，侵略者放火燒毀了一部份殿宇、房屋。

十月十八日、十九日，為了給予清政府嚴重打擊，從而達到迫使其完全屈服，簽訂各項不平等條約的目的，英軍採取了最狠毒惡劣的一招，在英國駐華公使額爾金的指揮下，三千多名英國侵略者再次闖入圓明園內，開始有組織地縱火焚燒園內建築，中華民族最寶貴的園林因此化為烏有，僅有部份水景尚存。

在內憂外患的打擊之下，不到一年時間，體弱多病的咸豐皇帝就病逝於避暑山莊。

同治帝下詔重修圓明園

在兩宮皇太后和一眾滿漢大臣的勉力維持之下，大清王朝在後續的十多年裏逐漸走出統治危機的泥潭。大清王朝與侵略者達成和議，並發現自己與西洋技術的差距，雖然被動，但卻開始了向西方學習的洋務運動，國內的太平天國、捻軍等起事也相繼被剿滅，政治上出現了一段相對和諧的時期，史稱「同治中興」。

同治十二年（一八七三年），載淳長大成人，開始親政，隨即又舉行了大婚典禮。當時雷景修已經去世，同治帝大婚的各處修理工程由其子雷思起和其孫雷廷昌承當，各處做工都深合同治皇帝心意。

同治帝親政之後，兩宮皇太后，尤其是慈禧太后，非常想要重修圓明園，回歸曾經追隨先帝時的那種奢華愜意的園居生活。

其實在此之前，圓明園也經過一些小修小補，但顯然不能滿足慈禧太后的需求。無奈國家形勢危急，內憂外患不斷，大多數官員包括同治皇帝在內都反對重修，慈禧太后也只得作罷。

但隨著形勢日漸轉好，同治皇帝的親政、大婚典禮相繼告成，第二年又是自己的四十大壽，慈禧太后重修圓明園的心思又活絡了起來。這一次她不再明說，而是帶著兒子去圓明園剩餘的水景遊玩，並用沿途的殘破建築刺激年少氣盛的同治皇帝。

這一招果然奏效，同治皇帝回到紫禁城之後幾天都悶悶不樂，加之每天在身邊侍奉的內務府幾位官員也都積極鼓動他重修圓明園，於是同治皇帝召來了幾位軍機大臣，當著兩宮皇太后的面宣佈要重修圓明園，要讓洋人看到大清國是搶不光、燒不盡的。

軍機大臣們見意氣風發的年輕皇帝終於要辦理親政以來的第一件大事，不好橫加勸阻，便提議讓同治帝先擇要重修。於是當年的十月十二日，同治皇帝以「頤養太后」的名義，發佈了「擇要重修圓明園」的上諭。

此詔發出後引起朝野上下震動，不少大臣和諫官上書反對，但都被同治帝用「大孝」之道駁回。

群臣只好以此時國庫空虛，不宜大興園林工程為由加以勸阻，不敢再極力反對。但同治帝依然一意孤行，甚至下詔表示再有敢上書請求暫緩的，「朕自有懲辦」，以此阻塞了群臣諫言之路。

攝於皇帝的威勢，一時之間群臣無人再敢諫言。

十一月十六日，同治帝命內務府官員貴寶前往已經連續四代承辦圓明園各項工程的雷家索要圓明三園的總圖。

貴寶不敢怠慢，立即趕往雷思起家，但卻撲了個空，雷思起、雷廷昌父子都不在家。

雷家父子去哪裏了呢？

詢問了雷家人才知道，原來他們上半年剛剛承辦兩宮皇太后的陵寢——定東陵（其中慈安皇太后的陵墓稱「普祥峪萬年吉地」，慈禧皇太后的陵墓稱為「菩陀峪萬年吉地」）。

當時，雷家正值青黃不接，老的老小的小，只能勉強找出四個人當差，害怕完成不了工程想要推掉，但被內務府的一眾高級官員以辦理皇陵工程是雷家的獨門手藝、他人不能稱職為由，仍要雷思起承辦。

為了幫兩宮太后修好陵墓，雷思起帶著雷廷昌長住在條件艱苦的定東陵附近，餐風露宿，一心撲在陵墓工程上。

他們先是丈量地勢尺寸，方法是用木樁和白灰將風水師所點的穴心、山向做好標記。再以穴心為原點，沿「山向」建立一個正交坐標系，稱「天心十字」。然後仔細丈量從穴心到四邊的距離，並依據測量結果詳細地畫出風水形勢圖，在圖中將每個風水師所點的穴位標注清楚，寫清山名和朝向、從穴心到四邊的距離。

之後根據風水形勢圖選擇幾處堪用的地點，參考此前的設計方案，進行工程量的推算和初步的陵園規劃佈局。

最終還要將每個備選地點的詳細風水形勢圖畫出，先交給承修大臣審閱，再給帝、后御覽。這項工作技術性極強，容不得半點馬虎，須得雷氏父子親自上陣，這一忙就是半年多，至今都還沒回來。

這可把貴大人急壞了，他心想：定東陵離著京城兩百多里，皇上可是今兒就要圓明三園的總圖，這不是要我的命嗎？我這老胳膊老腿實在是禁不住來回騎小五百里的快馬啊，又不好差別人去傳皇上的口諭，這可如何是好？

正在貴大人急得直打轉的時候，只見兩個風塵僕僕的黑瘦漢子進了內院。

貴寶抬眼一瞧，這不就是雷思起、雷廷昌父子嗎？他心中大喜，比雷家人還熱情地撲上去迎接。

「喲！喲！兩位雷大人居外半年，給太后起陵宮，真是勞苦功高啊！」

雷思起一見是內務府貴大人，說話這麼客氣，肯定是有急事了，也不敢怠慢，趕忙上前行禮：「見過貴大人……」

「免了，免了！」雷思起的客氣話剛要出口，貴寶不耐煩地打斷了他，接著說道：「皇上傳下口諭，讓我找你索要圓明三園的總圖，圖可還在？」

「還在，還在，請大人稍候，我讓犬子去取。」雷思起趕忙吩咐雷廷昌去庫房找圖，然後陪著貴寶等候。

兩人坐下之後，不免寒暄幾句。貴寶這才知道，雷家父子今天正好完成備選點的詳細風水圖繪製，趕緊帶著畫樣回京，呈交定東陵欽派大臣周祖培審閱，周大人頗為滿意，高興地對雷思起說：「樣子繪好了，我就放心了。」於是，貴大人也客氣地給雷思起道了一下喜。

說話間，雷廷昌已經從庫房裏翻檢出了圓明三園的總圖，不禁感佩起祖父雷景修收集歷代先祖圖樣並要求雷家人保留後續圖樣的做法，這真是高瞻遠矚，讓雷家在為皇家做工方面處處佔得先機。他不禁回想起了咸豐十年（一八六〇年）洋人進京前一晚那驚心動魄的一幕。

當晚，預感形勢危急的雷景修集合雷家全部男丁以及能找過來的工地夥計，籌集了好幾輛大車，連夜把擱在圓明園樣式房裏的雷家先祖和自己及子姪一輩繪製的畫樣和製作的燙樣全部搬回了自家宅子。當年全家人為了騰地方放樣子，可是借住了別人家好長時間，現在想想真值啊，這不，如今皇上、太后要修園子，就得來找我們雷家要圖紙。

拿到圓明園三園總圖之後，貴寶大喜過望，低聲對雷思起言語：「近日皇上要起圓明園工，雷大人要儘早交接陵園手續，聖旨不日將下。本官這就要去進呈皇上及太后御覽，先行告退。」說完便起身了。

雷思起恭恭敬敬地回覆道：「全憑貴大人栽培！」

貴寶走後，雷思起站在門口久久目送。

雷廷昌喜上眉梢，樂呵呵地說道：「父親，咱又有大工程啦！」

雷思起卻喜憂參半地說：「又能進園子啦！但別高興得太早，記得咸豐爺那會兒，修園工程草草結尾，你爺爺到死都沒收到尾款。只怕這國庫空虛，如果後面皇上抵不住群臣的反對，叫停園工，咱們雷家還得吃點虧。」

這是怎麼回事呢？

原來清代後期的皇家建築已經形成了一套比較完善的結算模式，一般情況下，由內務府承包給某人，由此人自行解決後續工程設計及施工事宜，買料、運料都要自己先行墊資，待工程階段性完成或全部完工交付之後，再由內務府付給薪酬。

「樣式雷」家族除負責皇家建築設計之外，一般還大量兼任內檐裝修的設計和製作工程，所以需要自己去採買大量名貴木材，待工程完成之後才能收到承包銀錢。

一般情況下，雷家都會賺不少，但隨著晚清政局的動盪和國庫的空虛，開始出現一些半途而廢的皇家建築工程，這些專案的工程款往往無法補足。

雷廷昌收起了滿臉的喜色，說道：「真要這樣，那可如何是好啊？」

「那也只能盡心給皇上、太后辦差，這是咱雷家的金字招牌，不能砸了。好在從你爺爺那輩開始，已經知道多辦點買賣，好保證手上有餘錢啦。咱爺兒倆也別歇著了，趕緊再找一下周大人吧，這幾天得把兩宮太后的萬年吉地選出來。」

幾天之後，十月初一日（十一月二十一日），同治帝果然正式發佈重修圓明園的詔諭，計畫要趕在慈禧太后四十大壽（次年十月十日）之前重修圓明三園之中的三千多間殿宇（大約佔園內原殿宇總數的三分之一），把這作為慈禧太后的壽禮。

只有一年工夫，工程任務顯然是十分緊張的，畫設計圖、製作燙樣和室內裝修等任務自然就要落在久負盛名的「樣式雷」肩上了。

接到任務後，雷思起趕忙在兩天之內交接了其餘工程。

第三天一大早，內務府的桂清、明善、貴寶三位大臣即奉旨帶領雷思起進圓明三園勘察，並傳達了心急的同治帝下達的命令：一個月內趕緊呈進燙樣。

雷思起聽後不禁一陣劇烈咳嗽，原來他最近幾年一直在野外為修造皇陵奔波勞碌，已經落下了病根，身體大不如前。

幾位大人見狀都嚇得不輕，生怕雷思起一病不起，誤了皇差，但除了已經四代經營圓明園的雷家，又有何人能擔此重任呢？只得勉勵雷思起強打精神了。

此後一個月，雷思起拖著病體，帶著兒子雷廷昌和姪子雷廷芳，叫上胞弟雷思森，親自請來了同族旁支的堂兄雷思耀和他的兒子雷廷棟，又讓雷廷昌去請來他的郭六伯（郭成名），郭成名了解情況後和自家弟兄子姪商量，推後了自家的活計，又拉上胞弟郭成治和姪子郭璉，總算拉起了九個人的製圖隊伍。他們充份利用雷家庫房裏收藏的「樣式雷」圓明園圖樣和燙樣，晝夜趕工，終於完成了第一批施工的宮殿畫樣和幾處重要殿宇的燙樣，陸陸續續上交給內務府。

內務府考慮到具體情況，直接下令如果雷思起病未痊癒，可以讓兒子雷廷昌代為進呈。

在此期間，圓明園的重修工程已經在十一月二十七日悄悄地開工了。

全部交完第一批畫樣和燙樣後沒過幾天，勞累過度的雷思起還沒緩過乏來，又接到了上諭，原來是慈禧太后又要加十多處工程，並讓雷思起製作各種裝修「仙樓」的燙樣，每一種類型要出十個燙樣以供挑選，一定要奇巧玲瓏，於是雷家人又只能沒日沒夜地幹起來。

之後半個多月，雷思起又接到幾次修改燙樣的詔諭。

待全部改過一輪之後，貴寶再次來到雷府下達詔諭，說雷家上報的所需裝修木料已經奏明瞭皇上和太后，著雷思起自行採買。

雷思起想起自己父親當年修圓明園尾款未付的事情，心中有些煩悶，但臉上不敢表露出來。

又過了兩天，對圓明園重修畫樣和燙樣比較滿意的同治帝和兩宮太后授予雷思起二品頂戴、雷廷昌三品頂戴。

在這之後，同治帝和慈禧太后要修改各殿宇的外觀或內裝方案，除向樣式房下旨之外，還會召見兩位雷大人進宮或到施工現場，當面探討或下達旨令。

雷氏父子和帝、后的面對面交流在圓明園重修工程停工之前共計五次。尤其是萬春園裏計劃作慈禧太后寢宮的「天地一家春」，慈禧太后親自繪製內部裝修的圖樣，還親筆寫下很多記錄裝修要求的紙條貼到燙樣上。僅這一處宮殿，雷家父子就反覆製作了三十一張畫樣和燙樣，每次慈禧太后都會有大量修改意見，其中最多的一次竟達四十多條。

同治帝同樣對重修圓明園頗為上心，經常親筆繪製內部裝修的設計圖。第二年春夏之交，每月一次，同治帝先後四次前往圓明園重修現場，其中一次還召雷思起陪同，現場觀看圖樣和建築，提出修改意見，再由雷思起帶回旨意趕緊修改。

最終統計，目前存世的「樣式雷」圓明園圖檔（包括後續雷廷昌、雷獻彩父子再次重修的圖樣和燙樣）總計逾三千件，可見「樣式雷」家族六七代人在圓明園的建造和重修上傾注了多麼巨大的心血。

作為一名工匠，能夠因為工程設計而獲封二品、三品頂戴，並在不到一年時間裏連續五次受到帝、后的召見，和帝、后面對面探討外觀設計和內部裝修方案，雷家父子無疑是感到了無上的榮光，就官銜和榮譽而言，「樣式雷」家族在此時確實達到了頂峰。

但雷思起著實辛苦，既要隨時準備為帝、后修改圖樣和燙樣，還要兼顧定東陵的工程，兩頭來回奔波，期間還承接了紫禁城旁邊的三海工程的設計工作，更是忙得焦頭爛額。兩年之後，剛過知天命之年的雷思起就因為操勞過度而英年早逝了。

朝廷對此自然十分痛惜，追封雷思起為榮祿大夫，並額外恩賞了雷家白銀兩百兩。

圓明園的停工、再修與最終的悲慘結局

可惜的是，雷思起為之嘔心瀝血的圓明園重修工程因為資金嚴重不足和建築材料嚴重匱乏而進展緩慢，各級官吏請求緩修和停修的奏摺也如雪片般送到同治帝面前，讓他感受到巨大的壓力。

同治十三年（一八七四年）七月十八日，忍無可忍的恭親王奕訢聯合醇親王奕譞、大學士文祥等十多位重臣聯名上奏請求停修圓明園。

同治帝最終迫於壓力，在七月二十九日發佈上諭，停止了圓明園的一切工程，而他在虎頭蛇尾地結束自己親政以來頭一件大事的兩個多月後，就身染天花而亡了。

在圓明園重修工程停工之後，慈禧太后仍然囑咐內務府派人對園區做了一些保護工作，所有負責管理園區事務的人員也都保留了下來。顯然，心有不甘的慈禧太后仍在等待時機重修圓明園。

在光緒皇帝繼位之初，慈禧太后就曾對圓明三園進行過小規模的整修。

光緒皇帝親政之後，為了討慈禧太后歡心，讓她在圓明園安度晚年，從而讓自己獲得更大的權力，也積極主張和籌劃重修圓明園，但一直礙於國庫空虛和諫官們的反對，遲遲未能再度大修。

沒承想，清朝在中日甲午戰爭中大敗，引起帝國主義瓜分中國狂潮之際，圓明園的最後一次大規模修復工程竟然加緊進行了。

光緒二十二年（一八九六年）三月初二日，慈禧太后、光緒皇帝駕臨圓明園，下旨令雷廷昌呈遞圓明園部份殿宇畫樣。

這次，年過半百的雷廷昌帶上雷獻光、雷獻彩（最後一代「樣式雷」傳人）等一眾手藝高超的子姪，再度投入圓明園的修復工程之中。子姪們分擔了雷廷昌的負擔，他終於不用像父親當年那樣勞累了。

這次修復工程慈禧太后仍舊十分上心，即便是兩年之後，慈禧太后與光緒皇帝反目，最終發動戊戌政變囚禁光緒皇帝，再度垂簾聽政的那段時間，清廷檔案中仍有皇太后修改圓明園內部裝修以及催促樣式房上呈畫樣的記載，但類似的記載在當年深秋之後就不再新增了。大概是繁重的政務、空虛的國庫以及諫官們鍥而不捨地上書反對，令年逾花甲的慈禧太后也不得不放下自己的執念。

光緒二十六年（一九〇〇年），八國聯軍佔領北京，慈禧太后挾光緒皇帝逃奔西安。

次年八月二十八日，尚在西安避難的慈禧太后頒發懿旨，命令正與各國公使談判的全權大臣奕劻在簽訂和約，外國人歸還圓明園、頤和園之後要派官兵小心守護，不得出現紕漏。

殊不知，在她逃離京城之後，圓明園再遭侵略者摧殘，更可惡的是，原本駐守西郊的八旗兵丁、土匪地痞們竟也趁火打劫，把園內殘存和陸續修復的建築拆搶一空，連磚瓦、石料也不放過，很多古樹名木也都被毀。

《辛丑和約》簽字後，巨額賠款更令清政府無力再次修復甚至是管理圓明園，只得在一九〇四年大幅裁減了園內的管理官員，後來園區遭到了更多的人為破壞。

一九一二年二月十二日，宣統皇帝退位，清朝覆滅。在一段時間內，憑藉民國政府給予的優待條件，清室將圓明園併入頤和園，仍繼續由清室的內務府管理，但終究難以抵擋愈來愈多偷盜者的破壞。

一九二四年溥儀出宮後，園區又先後由政府派人保護，但對圓明園的掠奪和破壞仍在繼續。

一九四九年時，曾經光芒萬丈的萬園之園只剩下西洋樓的幾根石柱，孤零零地佇立在一堆瓦礫與荒草之中。

雷廷昌整修頤和園

太后想修清漪園

同治皇帝去世後，慈禧太后抱來了妹妹和醇親王奕譞的兒子、不到四歲的愛新覺羅・載湉繼承皇位，次年改元「光緒」，慈禧太后和慈安太后繼續以兩宮皇太后的身分垂簾聽政。

光緒七年（一八八一年），慈安太后突發疾病去世後，慈禧太后一個人掌控晚清的權力中樞，雖說是風光無限，但也確實十分辛苦。

而自幼跟隨慈禧太后生活的光緒皇帝，看到慈禧太后如此辛苦，便想著盡一份孝心。為此，他差人整修了儲秀宮，作為慈禧太后五十壽辰的禮物。

光緒皇帝選擇儲秀宮作為壽禮是頗費了一番心思的，先不論那六十多萬兩白銀的裝修花費，光是選址就很有心了。

咸豐二年（一八五二年），年僅十七歲的葉赫那拉．杏貞（慈禧太后的名字）剛進宮時就在儲秀宮的麗景軒居住，四年後，杏貞在這裏生下了愛新覺羅．載淳（即後來的同治皇帝）。母以子貴，葉赫那拉．杏貞能成為日後的慈禧太后，垂簾聽政接近半個世紀，很大一部份原因就是其同治皇帝生母的身分。可以說，儲秀宮不僅是杏貞留下青春美好記憶的地方，更是慈禧太后的發跡之地。

慈禧太后自然對此深感滿意，很快就遷居到儲秀宮。但過了兩年不到，慈禧太后就覺得儲秀宮太冷清沉悶，又懷念起以前在圓明園遊玩時的美好生活。

她想起當年同治帝在位時要重修圓明園，結果引起軒然大波，最後工程不得不停工，一時拿不定主意要不要重啟圓明園的工程。

想來想去，慈禧太后覺得大規模重修圓明園還是不妥，大清國庫空虛，而圓明園範圍太大，光有名的風景就四十多處，幾百萬兩白銀扔進去根本看不出來什麼效果。她想：也許修修圓明園旁邊的清漪園行得通吧，清漪園也是一處有山有水有風景的好園子，適合頤養天年，而且佈局緊湊，幾百萬兩白銀砸下去絕對能改頭換面。

這時，慈禧太后又想到兩年前中法戰爭時，福州水師幾乎全軍覆沒，現在朝廷正在籌辦北洋水師，花費巨大，怕是不能大張旗鼓給自己修個園子。

慈禧太后思而不得，但又心有不甘，所以不免悶悶不樂的。

慈禧太后的心結很快被聰明乖巧的太監總管李蓮英察覺了。有一次慈禧太后坐在儲秀宮裏發呆，李蓮英和慈禧太后繞了一個大彎，最後表達了要為慈禧太后修園子的意思，連地方都選對了，就是慈禧太后想要整修的清漪園，理由也是有山有水風景好，不用花很多錢就能見成效。

慈禧太后其實早已心花怒發，但依然淡淡地說道：「我為大清國操勞半生，照祖上規矩是該讓皇上給我修個園子頤養天年，無奈現在局勢緊張，李鴻章他們正在大辦海軍，一艘鐵甲艦就是一兩百萬銀子，十幾艘買下來就是一兩千萬兩，哪兒還有錢修園子？」

李蓮英「開導」慈禧太后：「辦海軍是國家大事，的確不能荒廢，但太后您也不能太苦著自己。前一陣子，奴才和醇親王去看過新辦的水師了，已經有十幾艘鐵甲艦了，看家護院足夠啦，也不見得非要一下再買那麼多艦船，分出一點錢來孝敬您老人家修一處園子不也是應該的嗎？」

這一番話令慈禧太后喜上眉梢了，但她還是不露聲色地說道：「嗯，讓李鴻章他們分點錢出來修個小園子也不是不行。這清漪園哀家十幾二十年前曾隨先帝去過一兩次，景兒倒是還不錯，但現在腦子裏早沒印象了。這麼著，你去找人先畫個圖樣出來，哀家過過目再說吧。」

修園子就得找「樣式雷」

李蓮英得著慈禧太后的旨意，心中喜不自勝，心中想著這買賣既能討太后歡心，自己又能撈點油水，簡直太棒了！但該找誰給我辦去呢？

伺候完慈禧，李蓮英回到自己房中，讓小太監點上了福壽膏，倚靠在軟榻上，一邊吞雲吐霧，一邊盤算著找誰。

正在迷迷糊糊即將入夢之際，李蓮英一拍腦門，對一旁伺候的小太監說：「三順兒啊，你快去請立山大人來一趟，就說咱家有要事和他商量。」

立山是內務府中一等的紅人，曾在江寧織造任上進奉新紋樣，深得慈禧太后歡心，所以在別人只能幹一年的江寧織造任上連續幹了四年，然後又被慈禧太后調到京城，經辦修葺三海工程，風頭正勁。來京城後，立山除了進獻一批花色鮮豔的緞子給慈禧太后之外，還十分識相地來拜李大總管的山頭，結為異姓兄弟，所以李蓮英有什麼好差事也喜歡找他來操辦。

立山一聽李蓮英有請，立馬吩咐下人給小太監看茶送禮，請他稍候片刻，自己迅速換了一身藍綢大褂，收拾得乾淨俐落，跟著小太監去見他李大哥了。

進到李蓮英屋內，立山搶上兩步給李蓮英請安，問道：「大哥這麼急著喚小弟來，是有什麼大事吩咐吧？」

「坐吧。」李蓮英指指身旁邊的椅子，不緊不慢地說道，「今兒咱家見了老佛爺，她老人家打算這陣子便動工修清漪園，讓咱家先找人畫個圖樣。咱家心想這可是個肥差呀，就找老弟來商量一下。」

立山一聽這事，馬上笑咪咪地說道：「多謝大哥記掛小弟，這事大哥您放心，只要雷廷昌出馬，保證老佛爺滿意。」

「雷廷昌，有點耳熟，是誰來著？」李蓮英一時有些恍惚，沒想起來是誰。

「就是『樣式雷』呀！他家從聖祖那會兒就在京城闖出了名頭，歷代掌管樣式房，專門伺候皇上蓋房子、起陵工的，已經是第七代了！」

一聽「樣式雷」，李蓮英恍然大悟：「哦，你看咱家這腦子，他不就是雷思起的兒子嘛。當年同治爺大修圓明園，咱家可是見過他們父子幾面，這一晃都十幾年了。想起來雷思起死了十來年了，現在樣式房就全靠這雷廷昌撐著了吧？」

立山說：「大哥既然見過，那想必清楚他的本事，現在樣式房裏面有一多半都是他們雷家的人。哪裏該起樓，哪裏該架橋，用什麼樣的木料，打什麼樣的家具，雷家人可是門兒清。現在這紫禁城旁邊正在修葺的三海工程，就是雷廷昌在支應著，清漪園的活兒交給他準保沒問題。」

「嗯，把罩子放亮點，活兒做細嘍，一定得讓老佛爺滿意！出了岔子，咱家可兜不住。還有，這事兒現在還沒定，千萬不可走漏半點風聲。你快去找雷廷昌，明兒咱幾個先去清漪園瞧瞧。」李蓮英加重語氣囑咐了一句。

「行！大哥您儘管放心就是了。」立山回答得異常乾脆。

雷廷昌整修頤和園

第二天一大早，李蓮英便由立山等人陪同坐轎出西直門，過高梁橋，向北直奔海淀，經暢春園遺址往西不遠，就到了萬壽山麓昆明湖畔的清漪園，果然是山清水秀，十分幽靜。

雷廷昌和他帶來的一眾好手早就在那裏候著了，見著李蓮英一行人，雷廷昌趕緊上前行禮。

李蓮英看著這個敦實精幹的中年人，心裏頓時有了底，笑著把雷廷昌扶了起來，樂呵呵、客客氣氣地說了一句：「雷大人別來無恙啊！」

雷廷昌一時記不起什麼時候見過這位李大總管，頓了一頓，回了一句場面話：「托李總管的福！」

李蓮英聞言呵呵笑了起來：「十多年前，先帝重修圓明園，您曾隨著雷思起大人進了內闈幾次，我都在旁邊伺候著，還給您爺倆兒遞過先帝爺賞的頂戴花翎呢，只是您爺倆兒沒注意到我這個小角兒吧，哈哈！」

雷廷昌一聽，似乎當年還真是有這麼個侍立一旁的小太監，但當時確實沒注意到旁邊的太監長啥樣。這十幾年不見，人家已經麻雀變鳳凰了，這沒認出來不會被挑理吧。這樣一想，他的額頭上不禁沁出了汗珠，趕忙回答：「小人有眼不識泰山，還請李總管寬宥。」

李蓮英擺了擺手，說：「無妨無妨。令尊的『樣子』咱家有幸在旁過過目，那活兒是真拿得出手啊，給皇上和太后辦差事也盡心，可惜去得太早，如今只好辛苦你啦。」

「能為皇上和太后效勞，是小人的榮幸！」雷廷昌趕緊表態。

「好好，有這份心就行。這可是一件大差使，咱們辦下來，好處少不了。」李蓮英笑著對雷廷昌說道。

雷廷昌立馬回話：「全仰李總管栽培！」

一旁站了好一會兒的立山這時趁機插話：「李總管、雷大人，咱們先上山瞧瞧吧！」

一番禮讓之後，一行人便上了山頂，俯視昆明湖，果然水碧如翠，再看山上，奇峰林立，怪石嵯峨。從這裏南可望京城，北可望長城，又得玉泉山的泉水，三面遍佈稻田，碧綠如洗，宛若江南西湖風景，真是天然的佳境，直看得李蓮英心曠神怡。他轉臉向雷廷昌說道：「雷大人，您看怎麼樣？」

雷廷昌連忙答道：「這清漪園原是乾隆爺時修建的，湖光山色，原有八景，喚作載時堂、墨妙軒、龍雲樓、淡碧齋、水樂亭、知魚橋、尋詩徑和涵光洞。園子的規模，聽這八景的名兒就知道了……」

「好！好！修園子你是內行，咱家就問你圖樣和燙樣啥時候能出來？」雷廷昌正欲繼續說下去，卻被李蓮英打斷了。

「李總管放心就是，我們雷家世世代代就這點手藝拿得出手了，個把月內我一定將草圖和草樣趕出來。」雷廷昌胸有成竹地回答。

「時間太長了些吧。當年圓明園、綺春園那麼大的工程，您父親也不過一個月就趕出了燙樣，都說虎父無犬子，一個清漪園給您半個月期限足夠啦！記住，這事不可讓太多的人知道。」李蓮英嚴肅地說道。

「是，是！雷某一定盡心竭力，不負所託！」

「嗯，修園子這事兒老佛爺很在意，差事辦好了，以後有新活兒咱家第一個推薦你！」李蓮英又喜笑顏開地對雷廷昌說道。

說著話，一行人又到山前山後各處殘朽殿閣看了一遍，直到日落西山方打道回城。

回到家中，雷廷昌片刻不敢耽誤，立即把樣式房裏頂用的雷家子弟都召集了過來，告知大家有這麼個急活兒，還囑咐不要聲張，安排了幾個子姪白天仍去三海工地上盯著，自己和平輩幾個經驗老到的行家裏手打算未來半個月閉門不出，各自分工，潛心把這圖樣和燙樣趕出來。

雷廷昌苦思冥想，考慮到這清漪園除了昆明湖，就是東宮門和萬壽山了。

東宮門那一帶地方平坦開闊，適合建宮室，雍正帝時就已經有《工程做法則例》了，宮室外觀上動不了什麼心思。

萬壽山一帶倒是景色秀麗，可以佈置不少點景，如果在萬壽山前山的山脊上連著放兩個建築：佛閣和大殿（就是後來的佛香閣和排雲殿），太后從宮室裏走出來散步時就能一眼望見。太后有興致了還可以偶爾登上殿閣遠眺昆明湖景，高度不同景色也得有區別，湖上的三個小島也要相應地佈置對景，保證太后遠眺之後心曠神怡。再順著前山湖岸修一個廊道，兩旁多設景點，建築修精緻些，沿途多種些奇花異草，讓太后沿著湖岸散步時，每走一步都是新鮮景兒。萬壽山後山有一片狹窄的後湖，環境幽邃，和前山的曠朗開闊形成鮮明對比，不如就讓那裏繼續保持靜謐的氛圍，和前山的喧鬧形成對比，多造些假山，讓太后一眼望不到頭，得曲曲折折地沿後湖岸線往前挪步，走到哪裏都覺得靜靜悄悄的。

然後再把乾隆帝時在後湖那兒建的蘇州街稍微修復一段，太后偶爾有興致時，可以繼續讓太監、宮女們裝扮一下商人和顧客，逗太后開心一下。

思路理清之後，雷廷昌立刻帶領「樣式雷」家族的好手們夜以繼日地繪製草圖、趕製燙樣，終於趕在半月期滿之前將草圖繪好，也做了幾處燙樣，經由立山、李蓮英進呈慈禧太后過目。

只見李蓮英抖開長卷，那些草圖彷彿工筆彩繪一般，慈禧太后不由得露出了笑容。特別是湖邊的長廊，一頭連著寢宮，一頭通到佛閣下的大殿，蜿蜒曲折，尤為顯眼。昆明湖北邊本來空空蕩蕩的，只能遙觀山色，但有了這條長廊，便使人覺得翠欄紅亭隱約於碧樹之間，平添無數情致。

再瞧那幾個宮殿燙樣，也是精巧十足，令人一目瞭然，慈禧太后有什麼要求可以直接讓底下人寫在紙條上貼到「樣子」上，雷家人再拿回去按照要求進行修改，之後還可以反覆進呈，反覆修改。

慈禧太后欣喜地看著，心裏暗讚雷家人的手藝，一一過目這些圖紙和燙樣之後，當即點頭應允。

整修清漪園的工程很快就開始了，一面由立山負責挑選吉日，悄悄動工清理渣土；一面由雷廷昌繼續做單個建築的圖樣和燙樣，陸續進呈慈禧太后。

經費來源及後續

至於整修園子的經費怎麼解決，慈禧太后當然有辦法啦！

慈禧太后既已打定主意，就和醇親王奕譞通了氣。

醇親王沒有恭親王（奕訢）那個魄力，不敢犯顏直諫，只會順杆爬，很快他上了一道奏摺，名曰《奏請復昆明湖水操舊制摺》。原來他早在光緒三年（一八七七年）就上過一道奏摺，想以在昆明湖畔建機器局的名義重建清漪園，討好兩宮太后，但卻被言官駁斥，未能實行。他對此一直耿耿於懷，此番再提此事，當然要加一個「復」字，以表示自己敬孝太后之心不變。

慈禧收到奏摺後，當即批下懿旨：「依議。」

稍後他又上一道奏摺，認為沿昆明湖一帶的殿宇亭臺多半都倒塌了，如果不稍微修葺一下，恐怕到時太后、皇上親臨檢閱水師時顯得不恭敬。

於是，從光緒十二年（一八八六年）起，清政府打著籌建昆明水師學堂的旗號，悄悄開始整修清漪園。

新園子在光緒十四年（一八八八年）由光緒皇帝改名為「頤和園」，取「頤養太和」的意思，工程設計和內部裝修由雷廷昌負責。

據不完全統計，整修頤和園工程經費共計白銀八百一十多萬兩，其中屬於「挪用」性質的海軍衙門經費數額約七百萬兩。而後來在甲午海戰中重創北洋水師的日軍巨艦吉野號，造價也就在兩百萬兩白銀左右，北洋水師如果當時多出四艘吉野號級別的巨艦，那甲午海戰的勝負之勢或許會不一樣。

但客觀來說，整修頤和園的工程花費還算不上天文數字，幾年之後（一八九四年）的慈禧太后六旬盛典，耗費的白銀竟然達到一千萬兩以上，而清朝國庫的年收入不過才七八千萬兩白銀。當時正值中日在朝鮮激烈交戰，花費如此巨大的萬壽盛典確實會對前方的戰事產生直接影響。

隨著甲午戰爭中北洋水師的全軍覆沒，一八九五年三月，海軍衙門被裁撤，整修頤和園喪失主要經費來源，不得不草草收場。總設計師雷廷昌的巧思並沒有全部付諸實現，但從已完成的頤和園建築中仍可窺其心思之細密、設計之精巧。

以其中的德和園為例，為了滿足慈禧太后的觀戲需求，雷廷昌在廢棄已久的怡春堂遺址上建起一座三層大戲院——德和園。這裏地勢平坦，空地夠大，適合建造大型戲院，離西邊設計作為光緒皇帝寢宮的玉蘭堂和慈禧太后寢宮的樂壽堂也比較近，便於帝、后就近觀戲，而且還靠近東宮門，方便受帝、后器重的王公大臣們前來觀戲，還避免他們經過帝、后的寢宮可能產生的打擾。更重要的一點，怡春堂原是乾隆皇帝侍奉母親崇慶太后的臨時休息場所，光緒皇帝在原址修建侍奉慈禧太后看戲的德和園，也能體現光緒皇帝侍奉慈禧太后的孝心，這令光緒皇帝和慈禧太后都深感滿意。

此外，為了滿足清末京劇演出規模的擴大，雷廷昌設置了更大的扮戲樓，方便多人同時扮戲、換裝。考慮到未來觀戲的主要對象是慈禧太后，雷廷昌還將看戲樓拓展為看戲殿，將原本的兩層五開間改為單層七開間，建築的面寬和進深都大大增加，使看戲殿的室內空間變大，外觀更顯氣勢恢宏，突出慈禧太后的主體地位。為了凸顯戲樓，雷廷昌還調整了前院，擴大大門和扮戲樓之間的距離，並在大門和扮戲樓之間增設屏風來遮擋視線，形成欲揚先抑的空間效果。他還在德和園院落東西增開了角門，使不同人員的進出有所區別，還設置了區分各種等級的通道，以顯示君臣等級身分的不可逾越。

集合雷廷昌各種巧思打造的德和園，堪稱中國皇家戲臺的絕唱。慈禧太后對這個戲園子非常滿意，在光緒皇帝親政之後，她逐漸形成了夏秋兩季在頤和園居住的習慣，閒暇之時經常來此觀看大型的連臺戲，光緒皇帝也會隔一天或幾天就來頤和園給慈禧太后請安，有時也會陪她一同觀戲，兩人算是度過了一段和樂融融的美好時光。

可惜後來光緒皇帝實施戊戌變法，終究觸怒了慈禧太后，她將光緒皇帝手上的權力收回，把他囚禁在中南海南海湖心的瀛臺。真不知道此後慈禧太后再去德和園觀戲時，會作何感想？

雷廷昌與慈禧太后六旬萬壽盛典

清代萬壽盛典與「樣式雷」

魏晉南北朝時期以來，國人逐漸興起生日慶祝的風氣，尤其重視六十以上的整旬大壽，皇家也不例外。清代皇帝與皇后、皇太后的壽誕各有專稱（分別稱「萬壽節」、「千秋節」和「聖壽節」），但亦可籠統稱之為「萬壽節」。萬壽節當天，舉國同慶，其中六十歲以上的整旬大慶更是規模巨大。

清代前後共計舉辦過七次大規模的帝、后萬壽盛典：第一次是康熙帝六旬（一七一三年）萬壽盛典，第二至四次是乾隆帝為其母崇慶太后舉辦的六旬、七旬和八旬（一七五一年、一七六一年、一七七一年）萬壽盛典，第五次是乾隆帝八旬（一七九〇年）萬壽盛典，第六次是嘉慶帝六旬（一八一九年）萬壽盛典，最後一次是光緒帝為慈禧太后舉辦的六旬（一八九四年）萬壽盛典。

從康熙帝六旬萬壽盛典開始，就設了萬壽點景環節，就是從紫禁城北門——神武門（乾隆帝以後改西直門）到其常住的京西花園——暢春園（後有所變化）的所經之路上佈置點景。沿線點景主要包括修葺沿線街道兩旁的鋪面，搭設各類戲臺子、故事臺、經壇、經棚，搭設龍棚並設置御座，陳列為帝、后祝壽的各種土特產，建造各種假山和亭臺樓閣等。上述點景除店鋪、住宅、寺廟、碼頭等原有建築之外，其餘都是臨時性的人造景觀，盛典結束之後都要被拆除、變賣。

為了短短幾天的一個典禮，如此大費周章、不惜工本，就是為了凸顯皇家的威嚴，展示其權力的至高無上。

內務府作為專管皇家事務的機構，承擔著大部份的萬壽點景佈置任務，而內務府下轄的樣式房，作為最高等級的皇家設計機構，掌案自然要承擔萬壽點景的總體規劃與大量點景的具體設計建造任務，因此長期擔任樣式房掌案的「樣式雷」家族，自然承擔了大多數萬壽點景的佈置工作。

而與歷代「樣式雷」主持設計的其他皇家建築工程不同，萬壽點景是對外開放的，盛典當天，群臣百姓、各國使節都會目睹這些臨時性的模擬建築的風采。毫無疑問，「樣式雷」的藝術才華可以在這一天得到最充份的發揮。

到了清代後期，隨著國力的衰退，帝、后萬壽盛典的規模也大不如前。如道光二十一年（一八四一年），道光皇帝的六十大壽正值鴉片戰爭期間，雖也是大費周章，但不敢興師動眾。那慈禧太后的六十大壽為什麼要大操大辦呢？當時（光緒二十年；一八九四年）可是中日甲午戰爭激戰正酣且清軍節節敗退的時候呀！

原來，清代帝、后的萬壽盛典一般都會提前做準備，比如乾隆皇帝的八旬萬壽盛典整整提前了三年就開始準備，慈禧太后的六旬盛典也是從兩年前就開始準備，點景的佈置是提前一年就開始的。

慈禧太后本來想藉這次機會好好揚揚自己的威風，向國民展示一下自己的高壽，讓大家知道光緒皇帝雖然親政了，可自己仍然具有至高無上的權威。但沒想到日軍和清軍在朝鮮半島上大打出手，還佔盡上風，這徹底打亂了慈禧太后的計畫，最終導致清朝最後一次規模盛大的萬壽盛典搞了個虎頭蛇尾，像她幾次重修的園子那樣。

但當時的樣式房掌案雷廷昌，仍然出色地完成了慈禧六旬萬壽盛典的點景工作。

雷廷昌與慈禧太后六旬萬壽盛典

時間退回到去年歲末，這天雷廷昌正在頤和園工地上指導長子雷獻彩如何設計宮殿。這時，內務府的立山興匆匆地走了過來。

雷廷昌趕緊拉著兒子給立大人見禮，雷獻彩恭敬地行禮：「學生見過立大人！」

雷廷昌在行禮之後向立山介紹：「這是犬子獻彩，今年十七了！」

立山客氣了一句：「嗯，一表人才啊，這麼大了，該能接雷大人的班了吧！」

雷廷昌趕忙搖手：「唉，還差得遠。雷家老例兒，需得先讀書，到十六歲才能跟著大人到工地正經學手藝。」

「哦，我聽他剛才自稱學生，這是已經考上秀才了吧？」立山又問。

「正是，正是，我確實指望他將來能光耀雷家呀！」雷廷昌說著又看了一眼英氣勃發的兒子。

「好！好！果然是虎父無犬子。」寒暄兩三句後，立山切入正題：「今早皇上下旨，開始準備為老佛爺的六十千秋節佈置六十段點景兒，其中西華門到西直門一帶的十里多地、二十七段景兒留給各省及王公大臣承辦，餘下的三十三段都由內務府承辦，這可是幾十里地呀，我和幾位大人商量過了，這三十三段點景兒都要拜託雷大人多費心啦！」

雷廷昌一聽，心中頓時升騰起一股豪情壯志，能為太后設計佈置萬壽盛典點景，這可是我雷家的無上榮光啊！屆時京師內外官員百姓和各國使節都能親眼見識我的手筆，經此盛典，我必可揚名天下，再為雷家添彩。

感激地送走立大人之後，雷廷昌喜悅而又嚴肅地對兒子說：「獻彩，這次好好跟著為父學，下次太后的七旬萬壽點景就要靠你啦！」

萬壽點景的第一步工作是要把點景所在街道兩旁的鋪面房屋、佛寺廟宇等固定建築修葺粉飾一新。

雷廷昌很快就帶上兩個年齡稍長的兒子（獻光、獻彩）和幾個姪子對沿途的建築進行了全面仔細的調查，詳細記錄了沿途建築的數目和尺寸，還具體列舉了每項工程的做法，務求沿途的所有房屋和牆壁都能得到很好的修葺和粉飾。

承包具體工程的同茂木廠和德興木廠都按照雷廷昌的章程進行，不敢稍有草率，還遵例保固十年，確保工程品質。

這項工程十分繁重，一直持續到第二年九月份才告完成。這時距慈禧太后的萬壽盛典也就只剩下一個來月時間了，雷廷昌必須馬上開始設計點景的佈置並著手搭建了。

雷廷昌首先製作了《由頤和園宮門前至西直門丈尺單》，把萬壽盛典的路線分成了五十三小段和六大段，並分別繪製了《萬壽慶典典意圖》，在規定內務府的佈點位置和形式的同時，也指導各省及王公大臣的點景佈置，確保萬壽點景整體風貌的和諧。

對於其中的幾處關鍵節點，雷廷昌更是苦心孤詣，把點景打造得既威嚴大氣又精緻靈動。

比如原計畫在頤和園仁壽殿前設置彩棚，太后壽誕前一週由皇帝率王公百官在此設宴，次日再由皇后率妃嬪、公主、福晉、命婦等於此設宴。單為這個彩棚，雷廷昌就繪製了十五張畫樣，詳細注明彩棚的規格、裝飾和陳設。他在用彩色精繪而成的《萬壽千秋筵宴彩棚正面立樣》上還詳細注明了彩棚上要製作萬福萬壽花樣，彩殿的天花要用五色彩綢做，天花上要安設彩色雲蝠，四角中做五龍捧壽的祝壽彩幅；為了確保效果，他還單獨精繪了彩色的天花樣式。

其他幾處重要點景的設置也與此類似，務求把這些臨時建築打造得真如宮殿一般，令文武百官和天下臣民都能感受到慈禧太后的威儀和清朝的蒸蒸日上。

但可惜的是，慈禧太后耗費一千萬兩白銀打造的萬壽盛典卻沒有發揮全部效果。中日甲午戰爭中，缺槍少砲、訓練廢弛、管理混亂的清朝軍隊遭到精悍的日本新軍的沉重打擊，在萬壽盛典前夕，慈禧太后雖然以一句「今天誰讓我不高興，我就讓他這輩子都不高興」堵住了請求停辦點景工程、把盛典經費移作軍費的大臣們的口，非常固執地舉辦了自己的六旬萬壽盛典，但仍然不得不面對甲午慘敗的定局，縮小了朝賀的規模，只在紫禁城中舉行，沒有移駕頤和園接受萬民朝賀。雷廷昌煞費苦心製作的萬壽千秋筵宴彩棚等眾多點景並沒有派上用場。

慈禧太后萬壽盛典當日，雷廷昌走在自己描繪過無數次的街道上，看著兩邊富麗堂皇的建築和點景，又看著沿途行色匆匆的官民，心中五味雜陳。既為雷家到自己這一代受到的無限榮寵感到欣慰，同時也為清廷的衰弱和自己家族未來的黯淡前途而嘆息。想到這裏，他回頭看了看紅豔豔的夕陽，不禁搖頭嘆息了一聲。

旁邊的雷獻彩察覺到了父親的異樣，但沒有說什麼，繼續默默地跟隨父親走著。他的注意力幾乎全在父親身上，生怕心事重重的父親一不留神磕碰著，至於沿途的點景，他並沒太在意，早熟的他清楚地知道，這恐怕就是清朝的最後一次萬壽盛典了。果然，光緒三十年（一九〇四年）的慈禧七旬慶典只是在頤和園中慶賀了一番，並沒有進行盛大的點景工程。

雷廷昌的兒子們十分爭氣，在雷獻彩的帶領下出色完成了圓明園的最後一次大規模修復工程，庚子事變（光緒二十六年；一九〇〇年）之後主持重建或修復了正陽門、中南海、頤和園、天壇祈年殿、大高玄殿等建築，還新建了攝政王（載灃，溥儀生父）府，並在「清末新政」期間嘗試了各類新式洋房的設計等。

但隨著清朝的覆滅，一直致力於皇家建築設計和內部裝修的「樣式雷」家族沒有跟上時代的變化，民國四年（一九一五年）光緒帝的崇陵竣工之後，「樣式雷」再無新作品問世，很快就淹沒在歷史的浪潮之中。

—樣式雷家族簡表—

一六一九年（明神宗萬曆四十七年）

薩爾滸之戰，後金和明朝在薩爾滸的一場大戰。

一六三五年（思宗崇禎八年）

皇太極改女真族名為滿洲。

德川幕府禁止日本人渡航海外及禁止海外日本人歸國，另外發佈《大船建造禁止令》，禁止建造五百石（約七十五噸）以上的航海船舶，這使得朱印船貿易走向終結。

一六五九年（清世祖順治十六年）

效忠明朝反抗清朝的鄭成功，攻打南京失敗。

一六一九年（明神宗萬曆四十七年）

二月二十一日，雷發達出生。

一六三五年（思宗崇禎八年）

雷發達跟隨祖父、父親和叔父前往應天府（今江蘇南京）謀生。

一六五九年（清世祖順治十六年）

八月十六日，雷金玉出生。

一六六九年（康熙八年）

康熙擒權臣鰲拜。

一六八三年（康熙二十二年）

八月明鄭末代延平王－鄭克塽向清朝將領施琅投降。臺灣併入清朝版圖。

一六八七年（康熙二十六年）

孝莊文皇后卒。

一六六九年（康熙八年）

正月底，雷發達進京，參與太和殿重修工程。在冬至節前夕的上樑儀式上，雷發達因上樑有功而得到康熙皇帝賞識，晉升為工部營造所「長班」，從此在京城站穩腳跟，開啟了「樣式雷」家族的輝煌篇章。

一六八三年（康熙二十二年）

冬天，雷發達堂弟雷發宣攜長大成人的雷金玉等子姪來到京城。雷金玉進入太學並很快完成學業，通過科舉考試獲得候補州同銜名，後跟隨父親參與皇家宮苑建設。

一六八七年（康熙二十六年）

清代第一座規模宏大的皇家園林——暢春園建成。在暢春園正殿「九經三事殿」的上樑儀式上，雷金玉因上樑有功被康熙皇帝封為內務府樣式房的掌案，專門負責為皇室建築出樣式（圖樣和模型），雷金玉由此成為嚴格意義上的第一代「樣式雷」。

一六九三年（康熙三十二年）

八月十一日，雷發達逝世，歸葬於江寧府江寧縣安德門。

一七二五年（世宗雍正三年）

俄羅斯帝國皇后葉卡捷琳娜一世得到近衛軍的支持，於加冕成為女沙皇。

一七二八年（雍正六年）

中俄簽定《恰克圖條約》。

一七二九年（雍正七年）

呂留良文字獄。

十二月頒行《大義覺迷錄》。

一七五八年（高宗乾隆二十三年）

哈雷彗星第一次在人們預言的時間裏出現，重返太陽系內部。

一七二五年（世宗雍正三年）

雍正皇帝大規模擴建北京西郊圓明園，雷金玉充任圓明園樣式房掌案，負責設計和製作殿臺樓閣和園庭的畫樣、燙樣，指導施工。

一七二八年（雍正六年）

八月十六日，雷金玉七十大壽，雍正皇帝授意皇子弘曆（即後來的乾隆皇帝）親筆書寫「古稀」二字匾額，賜予雷金玉。

一七二九年（雍正七年）

七月三十日，雷金玉第五子雷聲澂出生。十一月初十日，雷金玉逝世。朝廷賞賜黃金百兩，利用官家驛站將其歸葬於江寧府江寧縣安德門外西善橋，除幼子雷聲澂及其母張氏留守北京西郊海淀鎮槐樹街雷氏祖宅之外，雷金玉的五房妻妾和四個兒子都隨靈柩回到江寧府生活。

一七三四年（雍正十二年）

清工部《工程做法則例》編成頒佈，對宮廷營建的壇廟、宮殿、陵寢、倉庫、城垣、王府等建築具有很重要的監督控制作用。

一七五八年（高宗乾隆二十三年）

十月初五日，雷聲澂長子雷家瑋出生。

一七九〇年（乾隆五十五年）

徽班進京，形成今天的京劇。

一月八日，美國總統華盛頓在臨時首都紐約發表了首份國情咨文。

一七九二年（乾隆五十七年）

福康安、海蘭察率清軍降廓爾喀。

法蘭西第一共和國成立。

一七六四年（乾隆二十九年）

四月初二日，雷聲澂次子雷家璽出生。

一七七〇年（乾隆三十五年）

六月二十日，雷聲澂第三子雷家瑞出生。

一七七一年（乾隆三十六年）

乾隆皇帝開始修建寧壽宮花園（後來也稱「乾隆花園」），雷聲澂依照蘇州園林風格進行規劃設計，頗合乾隆皇帝心意。

一七九〇年（乾隆五十五年）

雷家璽主持乾隆八旬萬壽慶典中圓明園至紫禁城的沿路點景設計。

一七九二年（乾隆五十七年）

八月二十一日，雷聲澂逝世，葬於順天府宛平縣西直門外聚善村。

一七九六年（仁宗嘉慶元年）

乾隆帝讓位於其十五子嘉慶帝，以太上皇身份繼續執掌朝政，直至嘉慶四年（一七九九年）逝世。

英國東印度公司從荷蘭手中奪得錫蘭島的沿海地區

一八〇三年（嘉慶八年）

陳德於紫禁城門口行刺嘉慶皇帝未遂。

一八一四年（嘉慶十九年）

法國與第六次反法同盟簽訂《巴黎和約》。

一八一八年（嘉慶二十三年）

美國和英國簽訂條約，確定大致以北緯四十九度線作為美國和加拿大的邊界。

一八二五年（宣宗道光五年）

美國總統大選：由於未有總統候選人在一八二四年大選中獲得過半數的選舉人票，眾議院於是在得票最高的前三位中選出約翰·昆西·亞當斯為第六任總統。

一七九六年（仁宗嘉慶元年）

正月初一，乾隆皇帝正式傳位於其子永琰（後改為顒琰），是為嘉慶皇帝。嘉慶皇帝繼位後，計畫在清西陵的太平峪營建自己的墳塋，後取名「昌陵」。雷家璽主持昌陵的規劃設計工作。「樣式雷」家族開始設計承辦皇帝陵寢工程。

一八〇三年（嘉慶八年）

十月二十九日辰時，雷家璽第三子雷景修出生。

一八一四年（嘉慶十九年）

雷家瑞親赴江西重修大成宗譜。

一八一八年（嘉慶二十三年）

雷景修跟隨父親雷家璽在圓明園樣式房學習差務。

一八二五年（宣宗道光五年）

正月十五日，雷家璽逝世，葬於順天府宛平縣西直門外聚善村。雷家璽臨終前因擔心雷景修年輕缺乏經驗，難以勝任樣式房掌案的工作，於是臨終前保舉同事郭九擔任掌案。

一八三〇年（道光十年）

比利時脫離荷蘭獨立。

一八四〇年（道光二十年）

英國開始發行世界上第一張郵票。

一八四二年（道光二十二年）

清政府派耆英、伊里布與璞鼎查在南京下關江面的軍艦「漢華麗」號上簽訂《中英南京條約》。

一八四五年（道光二十五年）

德克薩斯州成為美國的第二十八州。

一八二六年（道光六年）

六月十二日子時，雷景修長子雷思起出生。

一八三〇年（道光十年）

十月二十六日，雷家瑞逝世，葬於順天府宛平縣西直門外小煤廠。

一八四〇年（道光二十年）

中英鴉片戰爭爆發。雷氏家族分家，依修字輩分為六股，雷景修自立門戶。

一八四一年（道光二十一年）

雷思起開始在樣式房學習當差。

一八四五年（道光二十五年）

正月初四日，雷家瑋逝世，葬於順天府宛平縣西直門外聚善村。

十一月二十三日丑時，雷思起長子雷廷昌出生。

一八五一年（文宗咸豐元年）

洪秀全在廣西桂平縣金田村起事創建太平天國。

倫敦萬國工業博覽會揭幕（世界博覽會前身），直到十月十八日結束。

一八五二年（咸豐二年）

拿破崙三世稱帝，法蘭西第二帝國建立。

一八五三年（咸豐三年）

三月二十九日，太平天國定都南京。七月八日，美國東印度艦隊提督馬休・佩里率領四艘黑船在日本浦賀港口停靠，史稱黑船事件。

一八五八年（咸豐八年）

五月二十八日，大清國與俄國簽訂《中俄璦琿條約》。

六月十三日，大清國與俄國在天津簽訂《中俄天津條約》。

一八五一年（文宗咸豐元年）

二月二十日，昌西陵（嘉慶皇帝的孝和睿皇后的陵墓）開工，雷景修奉樣式房掌案郭九的派遣，前往昌西陵負責設計施工事宜。

一八五二年（咸豐二年）

此年郭九去世，樣式房排名第二的雷景修開始管理樣式房差事，樣式房掌案職位重歸「樣式雷」家族。

一八五三年（咸豐三年）

三月十八日，昌西陵所有工程一概完竣。

一八五八年（咸豐八年）

七月二十六日，雷思起奉旨查勘定陵（咸豐帝及其皇后合葬墓）地勢規制。後半年陸續完成平安峪萬年吉地各處畫樣及燙樣。

此年雷廷昌開始學習樣式房差事。

六月十八日，大清國與美國簽訂《中美天津條約》。

六月二十日，英國滅印度。

六月二十六日，大清國與英國簽訂第二個「不平等條約」《中英天津條約》。

六月二十七日，大清國與法國簽訂《中法天津條約》。

一八五九年（咸豐九年）

六月二十五日，英法聯軍在大沽戰敗。

一八六〇年（咸豐十年）

十月六日，英法聯軍火燒圓明園。

十月十三日，英法聯軍攻陷北京。

十月二十四日，中英《北京條約》簽訂。容許外國商人招聘漢人出洋工作。

十月二十五日，中法《北京條約》簽訂。清朝同意開放大連為商埠。

十一月十四日，中俄《北京條約》簽訂。「共管」的烏蘇里江以東至海的四十萬平方公里之地（包括庫頁島及海參崴）永久歸予俄國所屬。

一八五九年（咸豐九年）

四月十三日，定陵開工。

一八六〇年（咸豐十年）

八月初八日，定陵工程停工。八月二十二日，雷家海淀老宅遭劫，雷家流離失所，幸而雷思起從東陵趕回保護闔家老小，房屋未被全部焚毀。樣式房差務奉旨停止，雷景修從此歇業。

十二月十三日，雷氏遷移兵馬司，租住容六老爺房。

一八六一年（咸豐十一年）

八月二十二日，愛新覺羅奕詝，中國清朝第九位皇帝駕崩。

十一月二日，慈禧太后發動辛酉政變，成功奪權。

十一月十一日，清穆宗愛新覺羅載淳正式登基，以次年為同治元年。

三月四日，亞伯拉罕·林肯就職美國總統。

四月十二日，美國南北戰爭：南軍向薩姆特堡開火，戰爭正式爆發。

三月十七日，義大利王國成立。

一八六二年（穆宗同治元年）

陝甘回亂。

八月二十四日，清朝同文館成立，中國洋務運動的開始。

六月五日，越南阮朝與法國、西班牙簽訂《西貢條約》。

九月二十二日，美國總統林肯首次發佈《解放奴隸宣言》。

一八六一年（咸豐十一年）

二月初四日，定陵工程重新開工。八月十三日，雷景修率雷思起等遷居西直門南草廠內東觀音寺路北。

一八六二年（穆宗同治元年）

一月，雷思起奉旨於定陵附近丈量成子峪、普陀山、松樹溝三處地勢，繪製畫樣並總圖，並測繪昭西陵（孝莊文皇后博爾濟吉特氏的陵寢）全樣。

七月十九日，朝廷賜雷思起五品銜、晉封朝議大夫。

一八六四年（同治三年）

曾國藩弟曾國荃率湘軍攻陷太平天國首都天京（今江蘇南京）。

一八六五年（同治四年）

高樓寨之戰，捻軍擊斃僧格林沁親王。

由曾國藩規劃，李鴻章實際負責的江南機器製造總局成立。

三月三日，香港上海匯豐銀行成立。

十二月十八日，美國廢除奴隸制。

一八六六年（同治五年）

八月十九日，左宗棠在福州馬尾設立福州船政局。福州船政局設有鐵廠、馬尾造船廠和船政學堂，是中國近代第一個新式造船廠。

八月一日，日本第二次長州征討終結，幕府大敗。

太古洋行設立。

一八六五年（同治四年）

八月，定陵及順水峪妃園寢（咸豐帝妃嬪的墓地）工程告竣。十月十六日，雷思起因在定陵工程中出力，奉旨賞加鹽大使銜。

一八六六年（同治五年）

自八月二十九日起，雷思起前往東陵相度地勢，丈量地勢尺寸並定穴位。十月初二日，雷景修逝世，葬於西直門外聚善村祖墳。

一八六七年（同治六年）

二月十三日，明治天皇登基。

三月三十日，俄羅斯將阿拉斯加賣給美國，賣價七百二十萬美元。

四月一日，新加坡成為英國直轄殖民地。

五月二十九日，奧匈帝國成立。

七月一日，加拿大建國。

八月二十八日，美國佔領中途島。

一八七二年（同治十一年）

一月七日，輪船招商局設立。

四月三十日，《申報》創刊於上海。《申報》所倡導的「獨立」精神為中國報業樹立了標竿。

八月十一日，清朝政府首次派遣留學生出洋。

九月二十四日，日本明治政府單方面將琉球國改為琉球藩。

日本首條鐵道誕生，新橋橫濱線。

一八六七年（同治六年）

正月初七日，安葬雷景修，修建塋地。正月二十四日，雷氏祖塋路南陽宅破土動工。二月—七月，雷思起參與三海清淤工程。

一八七二年（同治十一年）

此年同治皇帝大婚，雷思起、雷廷昌父子承擔大婚各處修理工程。

一八七三年（同治十二年）

二月十一日，西班牙第一共和國成立。

十月十五日，法國在安鄴的率領下攻破越南的河內。

一八七三年（同治十二年）

三月十五日，清東陵平頂山改名「普祥峪萬年吉地」（慈安太后的陵墓），普陀山改名「菩陀峪萬年吉地」（慈禧太后的陵墓），是為「定東陵」。三月二十七日，三所六班會議確定由雷思起應承定東陵查勘、製作畫樣、燙樣及監修等差務。

九月二十八日，清廷降旨修理圓明園安佑宮等處工程。十月初三日，雷思起進圓明園、綺春園，著趕緊限一月內，呈進燙樣。十一月初四日，安佑宮等處燙樣恭呈御覽。十一月初五日，上諭萬春園添改工程十餘處，並諭雷思起畫各樣裝修名目仙樓，每一樣分十樣，要奇巧玲瓏。十一月十八日，進呈天地一家春修正燙樣，並御製裝修燙樣等。十一月二十一日，進呈圓明園大宮門、二宮門、正大光明殿、遊廊等燙樣大小六塊，計二箱。十一月二十二日，雷思起負責圓明園裝修木料採買。

十一月二十六日，雷思起賞二品頂戴，雷廷昌賞三品頂戴。

一八七四年（同治十三年）

五月十二日，牡丹社事件爆發，日軍侵台。

三月十五日，越南阮朝與法國殖民政府簽訂《第二次西貢條約》。

十月九日，萬國郵政聯盟成立。

十二月二十九日，阿方索十二世復辟，西班牙第一共和國終結。

一八七五年（德宗光緒元年）

一月十二日，載淳，清穆宗同治帝駕崩，年僅四歲的載湉登上帝位，年號光緒。

五月三日，左宗棠奉命收復新疆。

日本政府頒佈《苗字必稱令》，規定全體國民必須有姓，一直沒有姓的平民百姓，開始陸續給自己取姓。

亞歷山大・格拉漢姆・貝爾發明電話。

一八七四年（同治十三年）

四月十八日，雷思起因圓明園工程奉旨被召見。七月二十九日，停修圓明園工程。八月—十二月，雷思起參與西苑大修工程。

一八七五年（德宗光緒元年）

一月初九日，雷思起赴東陵參與惠陵（同治皇帝與其皇后的陵寢）選址。三月二十一日，進呈惠陵全圖一份、立樣一份、總圖一份。

八月初三日，惠陵開工。

一八七六年（光緒二年）

四月，左宗棠帶領湘軍攻入新疆，開始「清軍收復新疆之戰」。並在同年收復北疆。

在日本武士被禁止佩刀。

七月八日，俄羅斯帝國和奧匈帝國達成協議瓜分巴爾幹半島。

一八七七年（光緒三年）

一月一日，根據一八七六年《皇家頭銜法》，英國維多利亞女王加冕為印度女皇。聯合王國成為名副其實的大英帝國。

四月十四日，左宗棠的湘軍在前一年收復北疆之後，攻入新疆南部，繼續「清軍收復新疆之戰」，並在本年收復全部南疆。

一月二十九日，日本：不滿維新改革的武士發起西南戰爭。四月十二日，日本創辦第一所國立大學，東京大學。

一八七六年（光緒二年）

十一月初四日寅時，雷思起逝世，歸葬於聚善村祖塋。朝廷晉封雷思起為榮祿大夫，賞賜白銀兩百兩。

一八七七年（光緒三年）

六月二十八日子時，雷廷昌長子雷獻彩出生。

一八七八年（光緒四年）

八月十五日，中國的第一套郵票，大龍郵票，發行。

三月三日，俄土戰爭結束。在俄羅斯的幫助下，保加利亞脫離土耳其，建立保加利亞王國。

義大利發生禽流感，這是最早的禽流感記錄。

一八七九年（光緒五年）

四月四日，日本迫使琉球國王尚泰移住東京，派軍警進駐琉球，廢止「琉球藩」改為沖繩縣。

一八八六年（光緒十二年）

一月一日，歷經三次英緬戰爭，英國征服全緬甸。

一八七八年（光緒四年）

九月，惠陵竣工。

一八七九年（光緒五年）

定東陵竣工。

一八八六年（光緒十二年）至光緒二十一年（一八八六—一八九五年）

雷廷昌參與頤和園大修工程。

一八九六年（光緒二十二年）

四月六日，第一屆現代奧林匹克運動會在奧運會的故鄉—希臘雅典舉行，來自十三個國家的三百一十一名運動員參加了這次奧運會。（當時清廷曾接到國際奧運會的邀請，但並未參加）。

六月三日，清朝政府同俄國簽訂《中俄密約》。

十月孫中山在英國倫敦蒙難，被中國駐英大使館人員拘捕。

一九〇〇年（光緒二十六年）

八月十五日，慈禧太后與光緒皇帝出逃北京，前往陝西西安避難。

一九〇一年（光緒二十七年）

九月七日，中國與英國、美國、俄羅斯、德國、日本、奧地利、法國、義大利、西班牙、荷蘭和比利時簽定《辛丑條約》。

十二月十日，第一屆諾貝爾獎頒發。

一八九六年（光緒二十二年）

三月初二日，慈禧太后、光緒皇帝駕幸圓明園，雷廷昌呈遞圓明園殿畫樣。雷廷昌參與圓明園修復工程，至一八九八年。

一九〇〇年（光緒二十六年）

八國聯軍佔領北京，再度劫掠圓明園、頤和園，焚燒部份建築。

一九〇一年（光緒二十七年）

慈禧太后和光緒皇帝回到北京，開始大規模修復及重建工程，包括頤和園大修等，雷廷昌、雷獻彩父子供職其中。

一九〇七年（光緒三十三年）

五月二十二日，中國同盟會發動潮州黃岡起義。

六月二日，中國同盟會發動惠州七女湖起義。

一九一五年（民國四年）

一月二十七日，美國佔領海地。三月三日，美國國家航空暨太空總署前身，美國國家航空諮詢委員會成立。

十二月十一日，袁世凱稱帝。

一九〇七年（光緒三十三年）

雷廷昌逝世。

一九一五年（民國四年）

「樣式雷」的最後一件作品——崇陵（光緒皇帝及隆裕皇后合葬墓，中國最後一座皇帝陵寢）竣工。

嗨！有趣的故事

樣式雷

責任編輯：苗　龍
裝幀設計：盧穎作
著　　者：馬志亮

出　　版：中華教育
　　　　　香港北角英皇道 499 號北角工業大廈一樓 B
電　　話：(852) 2137 2338
傳　　真：(852) 2713 8202
電子郵件：info@chunghwabook.com.hk
網　　址：http://www.chunghwabook.com.hk

發　　行：香港聯合書刊物流有限公司
　　　　　香港新界荃灣德士古道 220-248 號荃灣工業中心 16 樓
電　　話：(852) 2150 2100
傳　　真：(852) 2407 3062
電子郵件：info@suplogistics.com.hk

版　　次：2022 年 10 月初版

規　　格：16 開（210mm×148mm）
I S B N：978-988-8807-20-8

本書繁體中文版由中華書局授權出版